STUDIEN UND FORSCHUNGEN AUS DEM
NIEDERÖSTERREICHISCHEN INSTITUT FÜR LANDESKUNDE
Band 18

Für
Fam. Eichberger
mit
lieben Grüßen
Ihr
Johannes Seidl!

Perchtoldsdorf, im März 1994

MATRI ET UXORI MEIS

STUDIEN UND FORSCHUNGEN
AUS DEM NIEDERÖSTERREICHISCHEN INSTITUT
FÜR LANDESKUNDE

Herausgegeben von
Silvia Petrin und Willibald Rosner

Band 18

Johannes Seidl

Das Kopialbuch der Zeche

Unserer Lieben Frau zu Perchtoldsdorf

Studien zur Geistes-, Sozial und Wirtschaftsgeschichte
einer niederösterreichischen Kleinstadt am Ausgang des Mittelalters

1993
Selbstverlag des NÖ Instituts für Landeskunde
Wien
Zugleich: NÖ Schriften 64 Wissenschaft

Abbildung auf dem Einband: Siegel der Frauenzeche zu Perchtoldsdorf. – Graphik nach dem Original von Akad. Bildh. Mag. Margarete *Magistris*.

Medieninhaber (Verleger) und Herausgeber: Amt der NÖ Landesregierung, Abt. III/3 – NÖ Institut für Landeskunde, A-1090 Wien, Alserbachstraße 41.
Redaktion: Mag. Willibald Rosner.
Hersteller: Filmsatz und Offsetdruck Ferdinand Berger und Söhne G.m.b.H., A-3580 Horn.
Verlags- und Herstellungsort: A-1014 Wien.

ISBN 3-85006-055-1

Inhaltsverzeichnis

Vorwort

Die im Jahre 1316 erstmals erwähnte Frauenzeche, die ihren Namen nach der Heiligen Jungfrau Maria, der damaligen Schutzheiligen der Pfarrkirche, trägt, ist die älteste und zugleich bedeutendste Bruderschaft in Perchtoldsdorf. Die geistliche Führung der Zeche oblag dem jeweiligen Perchtoldsdorfer Pfarrer, während die weltlichen Belange in den Händen eines von der Gesamtheit der Zechenmitglieder gewählten Zechmeisters, in den lateinischen Quellen *provisor zeche* genannt, lagen, der vornehmlich das Vermögen der Zeche verwaltete.

Was die soziale Struktur der Zeche anlangt, war diese von Beginn an eine Vereinigung der vornehmen Bürger Perchtoldsdorfs, der *pociores cives*. So finden sich in den Quellen stets Zechmeister, die zugleich auch hohe politische Funktionäre des Marktes waren. Auch nach außen hat die Bruderschaft eine große Anziehungskraft ausgeübt, wie aus der um 1477 bezeugten Mitgliedschaft Kaiser Friedrichs III. und des späteren Wiener Dompropstes Ulrich von Cilli hervorgeht.

Die Hauptaufgabe der Frauenzeche bestand in der Verwaltung frommer Stiftungen, wie Messen und Jahrtagen, in denen sich das Streben der Bevölkerung nach ewigem Seelenheil manifestiert.

Vor allem aufgrund ihres beträchtlichen Haus- und Weingartenbesitzes, der die Grundlage für einen ausgedehnten Weinhandel bildete, gelang es der Frauenzeche, einen erheblichen Vermögenskomplex anzuhäufen, der es ihr ermöglichte, die verheerenden Türkeneinfälle der Jahre 1529 und 1683 zu überdauern. Nachdem die Bruderschaft während des 18. Jahrhunderts nochmals eine Renaissance erlebt hatte, setzten ihr die Reformen Josephs II. ein jähes Ende. Der vom Kaiser per Hofdekret vom 27. November 1783 verfügten Aufhebung aller geistlichen Bruderschaften fiel auch die Zeche Unserer Lieben Frau zu Perchtoldsdorf zum Opfer.

Als Grundlage für die vorliegende Arbeit diente das zwischen 1423 und ca. 1440 angelegte Kopialbuch der Frauenzeche, das sich einst im Besitz der Marktgemeinde befand, heute aber als Handschrift Nr. 411 im Ständischen Archiv des Niederösterreichischen Landesarchivs aufbewahrt wird. Der Codex, der Urkundenabschriften beinhaltet, die zumeist fromme Stiftungen zum Gegenstand haben, bietet vielfältiges Material zur Geistes-, aber auch Wirtschafts- und Sozialgeschichte des spätmittelalterlichen Perchtoldsdorf und stellt eine Grundlage für die künftige Bearbeitung der Führungsschichten des Marktes in diesem Zeitraum dar.

Um dem geneigten Leser einen möglichst umfassenden Eindruck von der Verwaltungstätigkeit der Frauenzeche zu vermitteln, wurden sämtliche Eintragungen in das Kopialbuch regestiert. Einige Quellenstellen, die dem Verfasser als besonders charakteristisch für das Wirken der Bruderschaft erschienen, sind im Vollabdruck wiedergegeben worden.

An dieser Stelle sei Herrn o.Univ.Prof. Dr. Erich Zöllner für die Betreuung der vorliegenden Untersuchung gedankt, die in ihren Grundzügen als Staatsprüfungsarbeit am Institut für österreichische Geschichtsforschung vorliegt. Wesentliche Ratschläge für die Abfassung meiner Arbeit verdanke ich auch Frau o.Univ.Prof. Dr. Heide Dienst. Mein besonderer Dank gilt der Direktorin des Niederösterreichischen Landearchivs, Frau Hofrat Dr. Silvia Petrin, von der die Anregung zu dieser Studie ausging und die mir aufgrund ihrer Vertrautheit mit der Perchtoldsdorfer Ortsgeschichte stets wichtige Hinweise gab, sowie Herrn Oberarchivrat Mag. Willibald Rosner vom NÖ Institut für Landeskunde, der die Drucklegung ermöglichte.

1. Die Zeche Unserer Lieben Frau zu Perchtoldsdorf

1.1. Allgemeine Bemerkungen zum Zechenwesen

Das mittelalterliche Zechenwesen weist in seinen Grundzügen gegenüber den modernen Genossenschaften erhebliche Unterschiede auf. Während die neuzeitlichen Vereinigungen „... reine Interessenverbände sind und sich in einem bestimmten Zweck und Ziel erschöpfen ...“ [1]), erfaßten die mittelalterlichen Korporationen die gesamte Person des Menschen in seinen wirtschaftlichen, sozialen und religiösen Bedürfnissen.
Über Ursprung und Entstehung der mittelalterlichen Zechen existieren verschiedene Theorien. Gerhard Uhlhorn[2]) führt das mittelalterliche Zechenwesen auf griechisch-römische Einrichtungen, im besonderen auf die *collegia tenuiorum*, religiöse Genossenschaften und Sterbekassenvereine, zurück. Als *collegium tenuiorum* sei auch die Christengemeinde in Rom organisiert gewesen, wodurch sie einen gewissen rechtlichen Schutz gewährleistet habe.
Auch Carl Hegel[3]) weist auf die Parallelen zwischen den mittelalterlichen religiösen Bruderschaften und den römischen *collegia tenuiorum* hin, lehnt aber direkte Zusammenhänge zwischen diesen beiden genossenschaftlichen Organisationsformen ab.
Die Mehrzahl der Forscher sieht die mittelalterlichen Zechen ausschließlich in germanischen Verhältnissen begründet, wobei in der Chronologie der Entstehung einerseits gewerbliche Zwecke, anderseits religiöse Motive als primär erachtet werden. Eine vermittelnde Position zwischen diesen beiden Lehrmeinungen nehmen die Gelehrten ein, die von einem ursprünglichen Verwobensein beider Bereiche und ihrer erst später erfolgten Trennung ausgehen.[4])
Hanna Link[5]) sieht den Urprung des mittelalterlichen Zechenwesens nicht in der typisch germanischen Verknüpfung religiöser und sozialer Bereiche, sondern in der Berührung mit dem Christentum und seiner den Germanen fremdartigen und sie daher beunruhigenden Lehre von Sünde und Schuldhaftigkeit alles Menschlichen begründet. In seinem Ringen um Aufnahme und innere Bewältigung der neuen religiösen Gedankenwelt suchte der Germane Zuflucht in der Gemeinschaft. Das Gebet der Mitgläubigen, besonders der Geistlichen und Mönche, die Fürbitte der Heiligen und über den Tod hinausreichende fromme Stiftungen sollten Angst und Sorge um

---

[1]) Hanna Link, Die geistlichen Brüderschaften des deutschen Mittelalters, insbesondere die Lübecker Antoniusbrüderschaft. In: Zeitschrift des Vereins für Lübeckische Geschichte und Altertumskunde 20 (1920) 184.

[2]) Gerhard Uhlhorn, Die christliche Liebestätigkeit der alten Kirche 1 (Stuttgart 1882) 19ff.

[3]) Carl Hegel, Städte und Gilden der germanischen Völker im Mittelalter (Leipzig 1891) 9ff.

[4]) Elfriede Drexler, Beiträge zum Bruderschaftswesen im Wiener Becken. In: UH 29 (1958) 175.

[5]) Link, Brüderschaften 187ff.

das Seelenheil lindern helfen und Hoffnung geben auf Verkürzung der Fegefeuerqualen und auf Versöhnung mit Gott. Dieses Verlangen und innige Bedürfnis nach einem Rückhalt in der Gemeinschaft, nach gegenseitiger Fürbitte und geistlichem Beistand durch Gottesdienst und Gebet findet seinen historischen Ausdruck in der seit dem 8. Jahrhundert nachweisbaren Erscheinung der Gebetsverbrüderungen, deren religiöse Kerngedanken und Elemente Grundlage und Vorstufe der Bruderschaften bildeten.[6]) Die Gebetsverbrüderungen, die zuerst bei den Angelsachsen nachweisbar sind, wurden während der angelsächsischen Mission, möglicherweise von Bonifatius selbst, auf das Festland gebracht. Schon gegen Ende des 8. Jahrhunderts gab Alkuin in seinen Briefen von Gebetsverbrüderungen im Westen des Frankenreiches Zeugnis.[7])

Auch bei den sogenannten *Kalanden*, verbindlichen Zusammenkünften der Geistlichkeit zum Zweck der Verwaltung des Kirchenstiftungsvermögens, der Pflege des Gottesdienstes und der Regelung pfarrlicher Belange, handelt es sich nach Link[8]) um eine Vorstufe der Bruderschaften. Link führt die im Verlauf des 13. Jahrhunderts aufkommenden Kalandsbruderschaften, die freie Zusammenkünfte von Geistlichen und Laien mit dem Ziel der Wahrung geistlicher Standesinteressen und der Abhaltung gemeinsamer Gottesdienste darstellen, auf die erwähnten Kalanden zurück.[9]) Die zunehmende Betonung der Geselligkeit brachte häufige Ausschweifungen mit sich. Die Kalandsbruderschaften sind vor allem in Nord- und Ostdeutschland zur Blüte gelangt.

Eine geistige Verwandtschaft besteht auch zwischen den Bruderschaften und der großen religiösen Volksbewegung, die von den kirchlichen Reformbestrebungen in Cluny ausgelöst wurde.[10]) In Deutschland bildete das Kloster Hirsau unter Abt Wilhelm (1069–1091) das Zentrum der Reform. Mit der Regel von Cluny wurde auch das Institut der Laienbrüder, der *fratres conversi*, Vereinigungen von Männern aus allen Volksschichten, die nach eigenen Satzungen lebten und sich in den Dienst des Klosters stellten, übernommen. Die Laienbrüder konnten aber bald nicht mehr alle Eintrittswilligen aufnehmen. So kam es zur Bildung der Bruderschaften des gemeinen Lebens, die unter geistlicher Führung nach sittlich-religiöser Vervollkommnung strebten.

Weist die Institution der *fratres conversi* durch Regel, Tracht und besonders durch das gemeinsame Zusammenleben in einem Kloster im wesentlichen noch Charakteristika der Orden auf, so zeigen die Bruderschaften des gemeinen Lebens auch in der äußeren Form ihrer Organisation bereits Ähnlichkeiten mit dem späteren Bruderschaftswesen, das sich vor allem in den Städten des Spätmittelalters ausgebildet hat.[11]) Diese Bruderschaften sind Vereinigungen von Männern und Frauen, die sich zum Zweck der gemeinsamen Erfüllung religiöser Aufgaben korporativ zusam-

---

[6]) Link, Brüderschaften 187.
[7]) Link, Brüderschaften 188.
[8]) Link, Brüderschaften 189.
[9]) Link, Brüderschaften 193ff.
[10]) Link, Brüderschaften 190.
[11]) Link, Brüderschaften 190.

menschlossen. Diese religiösen Verpflichtungen bestehen in der feierlichen Gestaltung des Gottesdienstes, meist mit eigenem Altar und Kaplan, der Pflege des Gotteshauses, der Errichtung und Erhaltung frommer Stiftungen, der Gestaltung der Begräbnisfeierlichkeiten für verstorbene Mitglieder, der Pflege des Totengedenkens und der Abhaltung von gemeinsamen Wallfahrten und Prozessionen; außerdem wurde die Geselligkeit durch regelmäßige Zusammenkünfte und Gemeinschaftsmähler gefördert.[12])

Diese christlich-religiösen Grundmotive des Zusammenschlusses finden eine Erweiterung im wirtschaftlichen und sozialen Bereich: Einerseits schlossen sich Angehörige einzelner Berufsgruppen zusammen, anderseits wurden auf der Ebene sozialer Gemeinsamkeit Mitglieder einer bestimmten Gesellschaftsschicht in Vereinigungen verbunden. „Strenge begriffliche Trennung zwischen der 'frommen Bruderschaft' im neuzeitlichen Sinne mit ausschließlich religiöser Zielsetzung und zwischen dem, was heute unter 'Zunft' oder 'Innung' verstanden wird, also der vorwiegend wirtschaftlich-rechtlich ausgerichteten Interessenvertretung einer Berufsgruppe, ist für das Mittelalter nicht durchführbar."[13])

Sowohl die religiösen als auch die gewerblichen Verbände tragen in den Quellen des bayerisch-österreichischen Raumes die Bezeichnung „Zeche". Der Begriff „Zunft" wird erst im Verlauf des 16. Jahrhunderts in unserem Sprachbereich heimisch.[14]) Die Vorsteher der Korporationen heißen „Zechmeister", die Mitglieder „Zechbrüder" oder, wenn es sich um Frauen handelt, „Schwestern". In Niederösterreich werden die Zechen in der ersten Hälfte des 14. Jahrhunderts in den städtischen Quellen faßbar.

1.2. Die Perchtoldsdorfer Frauenzeche

1.2.1. Anfänge

Die Frauenzeche, die ihren Namen nach der heiligen Jungfrau Maria, der Titelheiligen der Pfarrkirche trägt, ist die älteste und zugleich bedeutendste Bruderschaft in Perchtoldsdorf.[15]) Die erste Erwähnung eines

---

[12]) Otto Brunner, Die geschichtliche Stellung der Städte Krems und Stein. In: Krems und Stein. Festschrift zum 950-jährigen Stadtjubiläum (Krems/Donau 1948) 79; Karl Eder, Das Land ob der Enns vor der Glaubensspaltung. Die kirchlichen, religiösen und politischen Verhältnisse in Österreich ob der Enns 1490–1525 = Studien zur Reformationsgeschichte Oberösterreichs 1 (Linz/Donau 1932) 262.

[13]) Silvia Petrin, Perchtoldsdorf im Mittelalter = Forschungen zur Landeskunde von Niederösterreich 18 (Wien 1969) 105.

[14]) Hans Lentze, Die rechtliche Struktur des mittelalterlichen Zunftwesens in Wien und den österreichischen Städten. In: Mitteilungen des Vereins für Geschichte der Stadt Wien 15 (1935) 15.

[15]) Weitere religiöse Zechen in Perchtoldsdorf waren die *Gottesleichnamszeche* (gegr. um 1370), die *Zwölfbotenzeche* (erstmals 1383 erwähnt), die *Zeche Aller Gläubigen Seelen* (gegr. 1474) und die *Sankt Jakobsbruderschaft* (gegr. im 16. Jh.); vgl. Petrin, Perchtoldsdorf 109.

Abb. 1: Martin Molitor, *L'Eglise de Bertholdsdorf* (Marktplatz und Kirche von Süden; vor 1794). – Sepiazeichnung; Photo. – NÖLB TS 11.354.

Zechmeisters der Frauenzeche erfolgt in einer am 13. Oktober 1316 in Wien ausgestellten Urkunde, welche die Schlichtung eines Erbschaftstreites um zwei Weingärten am Viechparz behandelt.[16]) Unter den Zeugen wird ein *Hainreich der zehenmaister* genannt, bei dem es sich mit größter Wahrscheinlichkeit um den Vorsteher der Frauenzeche handelt.
Daß die Frauenzeche, bedingt durch die zahlreichen Stiftungen[17]) zu Beginn der zweiten Hälfte des 14. Jahrhunderts, eine differenzierte Verwaltungstätigkeit auszuüben hatte, bezeugt die Erwähnung eines Zechschreibers in einer Urkunde des Zechmeisters *Ott an dem Perg* vom 21. Jänner 1360, wonach „... *dem zecheschreyber ein halb phunt phenning* für seine Dienste bezahlt werden soll.[18]) In einer von Zechmeister *Niclas dem Hayrla*[19]) am 30. November 1369 ausgestellten Urkunde[20]) findet sich

---

[16]) NÖLA, Urk. Nr. 4316.

[17]) Vgl. Kapitel II.4. über die Tätigkeit der Frauenzeche bei der Verwaltung frommer Stiftungen.

[18]) Diözesanarchiv Wien [DA], Urk. 1360 Jänner 21.

[19]) DA, Urk. 1369 November 30.

der erste Hinweis auf ein Siegel der Frauenzeche.[21]*) Im Jahre 1383 wird zum erstenmal ein eigener Kaplan der Frauenzeche erwähnt, der fünfmal wöchentlich eine Messe zu lesen hatte.*[22]*)*

1.2.2. Organisation

An der Spitze der Frauenzeche stand der jeweilige Pfarrer von Perchtoldsdorf, wie aus den *spiritalia instituta et articuli*, Vorschriften betreffend die Organisation der Perchtoldsdorfer Pfarre hervorgeht, die einen Teil einer Handschrift bilden, die von Matthias Händl (*Gallulus*), Pfarrer von Perchtoldsdorf von 1371–1385, in lateinischer Sprache abgefaßt wurde[23]), wo es heißt: *Item zecha beate Marie virginis* [...,] *in qua plebanus ibidem primus de fratribus dicitur et est.*“[24]) Die weltlichen Belange der Bruderschaft lagen jedoch in den Händen eines Zechmeisters, der in den lateinischen Quellen die Bezeichnung *provisor zeche*[25]) trägt. So ist in einer am 26. März 1329 ausgestellten Urkunde, in welcher eine Meßstiftung des Perchtoldsdorfer Bergmeisters Seifried durch Bischof Albrecht von Passau

---

[20]) Das Siegel ist abgefallen. Die Siegelankündigung lautet: *Und des ze einem warn urchund und getzeug gib ich den brief versigilten mit der obgenanten zeche anhangundem insigil.*– Das besterhaltene Siegel der Perchtoldsdorfer Frauenzeche befindet sich an einer Urkunde vom 9. Oktober 1498, die im Stiftsarchiv Heiligenkreuz aufbewahrt wird; vgl. Petrin, Perchtoldsdorf 410 (Anm. 8).– Das aus schwarzem Wachs gefertigte Siegel in gelber Siegelschale (7,5 cm x 5 cm) zeigt eine unter einem gotischen Baldachin stehende Muttergottes mit Krone und Jesuskind im Arm. Links unten ist eine männliche Figur erkennbar, möglicherweise ein Adorant. Die Siegelumschrift ist aufgrund starker Abnützung nicht mehr lesbar.– Zum Siegel siehe weiters Abb. 8 und die Reproduktion auf dem Einband.

[21]) Die betreffende Urkunde vom 29. September 1383 ist in Verlust geraten; sie ist lediglich in dem 1557 angelegten Pfarrinventar überliefert, von dem eine Abschrift aus dem 18. Jahrhundert existiert (Archiv der Marktgemeinde Perchtoldsdorf [AMP], HS B-167-1, Urk. Nr. 98). Dort heißt es: *Stüftbrief fünf wochentlicher meßen, so unser frauen bruderschaft caplan zu Perchtoltsdorf leßen solle ... .*

[22]) Eine Edition der *spiritalia instituta et articuli*, die wohl in den frühen siebziger Jahren des 14. Jahrhunderts entstanden sind, findet sich bei Paul Lehmann, Skandinavische Reisefrüchte. In: *Nordisk Tidskrift för Bok- och Biblioteksväsen* 23 (1936) 58–60; Petrin, Perchtoldsdorf 266–268, bietet eine Übersetzung.– Händl, der auch Kaplan des 1386 bei Sempach gefallenen Herzogs Leopold III. war, ließ neben den *spiritalia instituta et articuli* vor allem Texte liturgischen und hagiographischen Inhalts in den Codex eintragen; vgl. Lehmann, Reisefrüchte 62f. Am 14. April 1382 schenkte Händl die Handschrift der Pfarre von Perchtoldsdorf; vgl. Petrin, Perchtoldsdorf 499 (Anm. 48). Thomas Ebendorfer von Haselbach, Pfarrer von Perchtoldsdorf seit 1435, trug eigenhändig einige Nachträge in den Codex ein. Auf unbekannte Weise gelangte die Handschrift nach Stockholm, wo sie seit dem 18. Jahrhundert in der königlichen Bibliothek nachweisbar ist; dazu: Petrin, Perchtoldsdorf 499 (Anm. 48) u. Lehmann, Reisefrüchte 56.

[23]) Lehmann, Reisefrüchte 59.

[24]) Lehmann, Reisefrüchte 59.

bestätigt wird, von denjenigen die Rede, *quicumque provisores ipsius ecclesie pro tempore fuerint, qui vulgariter zechmaister vocantur.*[26]) Der Zechmeister wurde durch die Wahl der Zechenmitglieder bestimmt, wie einem Zechstatut aus dem Jahre 1444 zu entnehmen ist: *Von erst sol ain yeder zechmaister unser lieben frawn zech ze Berchtoltzdorf* [...] *von dem pharrer doselbs als von dem ersten und obristen bruder in der zech und andern pruedern gemainkleich oder dem maisten tail ordenleich gechiesset und erwelt* [...][27]) werden.

Eine der Hauptaufgaben des Zechmeisters bestand in der Verwaltung des Zechenvermögens. Gemäß der Zechenordnung von 1444 war der Zechmeister verpflichtet, die Aufsicht über alles liegende und bewegliche Gut der Bruderschaft zu führen: *Item das derselb zechmaister allew erib, die zu der zech gehoren, trewleich innhalde, besunder die weingarten mit guetem mittern paw, und auch mit vleiss beware als anders der zech vorund gut, gulte, rant und nutz.*[28]) Im Falle der Veräußerung, Verleihung oder Verpfändung von Zechenbesitz ist der Zechmeister an die Zustimmung der Bruderschaftsmitglieder gebunden.[29])

Zudem bestand für den Zechmeister die Verpflichtung, jährlich in Anwesenheit des Pfarrers und der übrigen Zechenmitglieder über die Einnahmen und Ausgaben der Bruderschaft Rechnung zu legen.[30]) Im Falle von Unregelmäßigkeiten in der Vermögensverwaltung seitens des Zechmeisters waren die Zechbrüder befugt, eine außerordentliche Rechnungslegung innerhalb von zwei bis drei Wochen zu fordern. Der Zeche eventuell verursachte Schäden mußten vom Zechmeister während einer Frist von vier Wochen ersetzt werden.[31])

Im Anschluß an die alljährlich vorzunehmende ordentliche Rechnungslegung sollte der Zechmeister *allen pruedern ain slechts pruderleich mal geben auf der zech chost und zerung, als das von alter herkomen ist.*[32])

---

25) AMP, Urk. Nr. 3.

26) AMP, Hs. B-142-1a, *fol.* 59^{r}.– Die Überschrift der Zechenordnung lautet: *Vermerkcht die ordnung von dem zechmaister und zechgebruedern unser lieben frawn zech ze Berchtolczdorf. Anno Domini M°CCC°XLIIII° Juliane virginis.* Eine – allerdings veraltete und nicht fehlerfreie – Edition des Zechstatuts bietet Joseph Chmel, Zur Chronik österreichischer Städte und Märkte 1: Markt Bertholdsdorf, gewöhnlich Petersdorf genannt. In: Österreichische Blätter für Literatur und Kunst, Geografie, Geschichte, Statistik und Naturkunde. Hrsg. Adolf Schmidl, 4. Jg. (1847) 643.– Um die Irrtümer Chmels zu korrigieren, wurden die Quellenzitate der Zechenordnung nach der Originalhandschrift im AMP wiedergegeben.

27) AMP, Hs. B-142-1a, *fol.* 59^{r}.

28) AMP, Hs. B-142-1a, *fol.* 59^{r}: *Item das auch derselb zechmaister dhain gelt der zech nicht ausleich noch dhain der zech erib nicht verchauf, versetz* [...] *an gemainen willen aller pruder. Mit der rat sol er auch hanndlen als, was merkchleich die zech antrifft* [...].

29) AMP, Hs. B-1a, *fol.* 59^{r}.

30) AMP, Hs. B-142-1a, *fol.* 59^{v}: [...] *wann die raittung von den egenanten bruedern...geaischt und ervordert wirdt an vertziechen iner viertzehen tagen oder drein wochen* [...] *und was er dann schuldig wirdt, dasselb* [*sol er*] *betzalen in vier wochen an gevaͤr.*

31) AMP, Hs. B-142-1a, *fol.* 60^{r}.

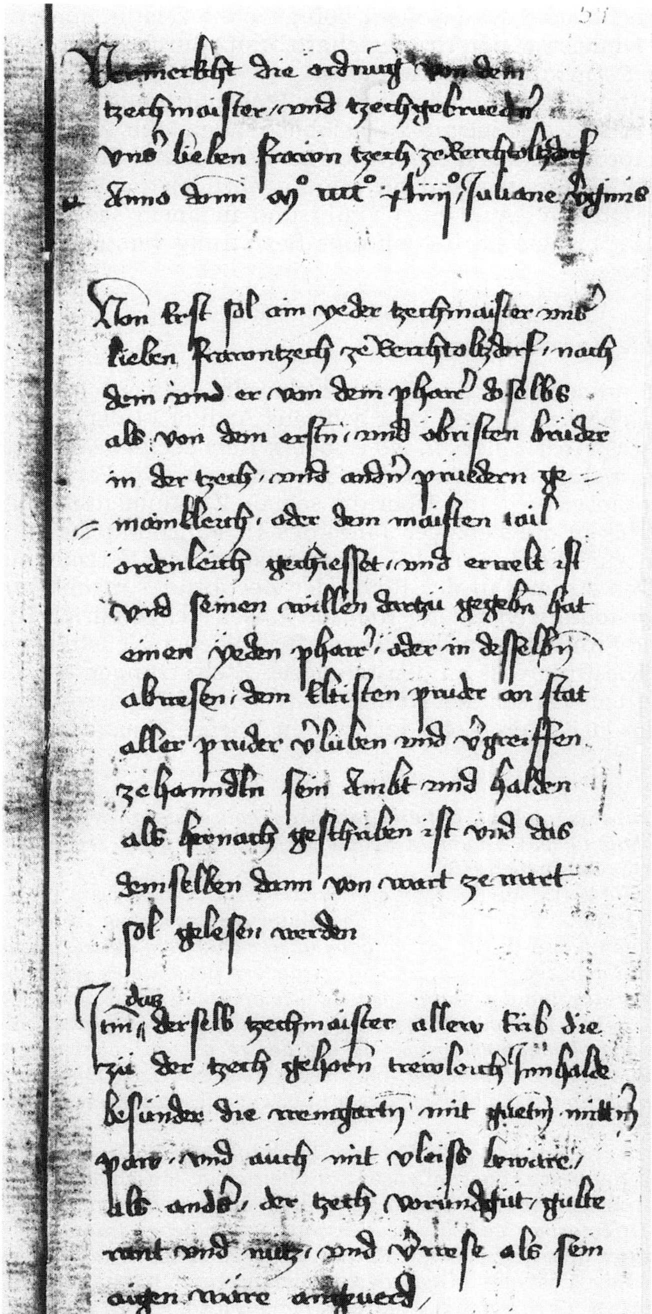

Abb. 2: Ordnung der Frauenzeche vom 16. Februar 1444. – Reproduktion; AMP, HS B-142-1a, Zechenbuch der Frauenzeche, *fol.* 59r (Ausschnitt).

Auch die Zechbrüder waren nicht befugt, ohne Zustimmung des Pfarrers oder des Zechmeisters den Bruderschaftsbesitz durch Zu- bzw. Verkäufe in irgendeiner Form zu verändern.[33])
Für neu eintretende Mitglieder legt die Zechenordnung von 1444 fest, daß sie Pfarrer und Zechmeister zu geloben haben, die Zeche nach besten Kräften zu fördern, stets ihren Vorteil zu wahren und Schaden von ihr abzuwenden.[34]) Weiters bestand für alle Zechbrüder die Verpflichtung, einmal in jeder Quatember an einer Vigilie und an einem Seelenamt der Zeche teilzunehmen[35]) sowie für die würdige Bestattung verstorbener Mitglieder Sorge zu tragen.[36])

1.2.3. Soziale Zusammensetzung

Von Beginn an scheinen der Frauenzeche nur die vornehmen Bürger des Marktes angehört zu haben. Dies geht aus Artikel 14 der spiritalia instituta et articuli hervor, wo es heißt: *Item zecha beate Marie virginis ante multos annos per plebanum et pociores cives in Perichtoldsdorff incepta esse dinoscitur* [...].[37]) Über die soziale Zusammensetzung der Frauenzeche ist bis in die siebziger Jahre des 15. Jahrhunderts nur wenig bekannt. Erst für die Jahre 1477–1479 existiert ein Verzeichnis der Mitglieder.[38]) Den Anfang in der Reihe der Zechbrüder macht *her Fridreich unser allergenadigister her der romisch kaiser etc.* Friedrich III., der auch Mitglied der Fronleichnamsbruderschaft in Wiener Neustadt war[39]), hegte offenbar großes Interesse an den religiösen Zielsetzungen der Zechen. Zudem dürfte dem Kaiser der Kontakt mit den Mitgliedern dieser Bruderschaften, die ja in Perchtoldsdorf wie in Wiener Neustadt dem Patriziat

---

[32]) *Ita et sine ipsius* [*plebani*] *aut eius provisoris consensu pro tempore prefate zeche fratres nichil debent assumere neque vendere, per quod zecha possit gravari*; Lehmann, Reisefrüchte 59.

[33]) AMP, Hs. B-142-1a, *fol.* 60r.

[34]) AMP, Hs. B-142-1a, *fol.* 60v: *Item das under den pruedern in leben und in tod rechte lieb erchannt werde, so sol der pharrer oder sein anwalt zu den vier quotembern mit dem zechmaister und alln pruedern personleich sein bey der zech vigiln des nachtes und des morgns bey dem selambt* [...].

[35]) AMP, Hs. B-142-1a, *fol.* 60v: *Item desgleichen wann ain pruder mit tod abget, sullen im die obgenanten pruder all auf der zech gulte mit vigiln und selambt erwerleich seinen ersten begen und im der zech chertzen umbsust aufstekchen und ander parament leichen, als das pruderleich lieb ervordert und in den zechen gewondleich ist.*

[36]) Lehmann, Reisefrüchte 59; Petrin, Perchtoldsdorf 267.

[37]) Das Verzeichnis ist auf der Innenseite des Pergamentumschlages von AMP, Hs. B-142-1b, erhalten. Auf der ersten Seite des Codex steht von späterer Hand der Eintrag: *Directorium über die bruderschaft unser lieben fraun zech de anno 77, 78, 79 undter dem zechmaister Martin Jendl, zu zeiten Friderici des römischen kaysers.*– Ediert ist das Mitgliederverzeichnis bei Chmel, Chronik 594, und Silvia Petrin, Geschichte des Marktes Perchtoldsdorf. Bd. 1: Von den Anfängen bis 1683 (Perchtoldsdorf 1983) 178f (Anm. 81).

[38]) Elfriede Drexler, Beiträge zum Bruderschaftswesen unter besonderer Berücksichtigung der Fronleichnamszeche in Wiener Neustadt (Phil.Diss. Wien 1955) 66.

angehörten, auch in politischer Hinsicht wesentlich gewesen sein. Für die Perchtoldsdorfer Frauenzeche bedeutete die Mitgliedschaft des Kaisers auf jeden Fall eine Erhöhung ihres Prestiges. Friedrich III. wird aber ebenso wie vier weitere Zechenmitglieder[40]), die entweder nicht in Perchtoldsdorf ansässig waren oder aber ihren hauptsächlichen Wirkungsbereich an anderen Orten hatten, kaum an allen Zusammenkünften und Veranstaltungen der Frauenzeche teilgenommen haben.

Den eigentlichen Kern der Bruderschaft bildeten drei an der Pfarre Perchtoldsdorf tätige Geistliche[41]) und neun im Markt wohnhafte Bürger[42]), wovon acht als Perchtoldsdorfer Ratsmitglieder nachweisbar sind. Zwei dieser Ratsherren, nämlich der damalige Zechmeister *Mertt Jendl* und *Hanns Hasenwaser* waren 1472/73 bzw. 1480/81 Marktrichter.[43]) Alle im Verzeichnis angeführten Perchtoldsdorfer Bürger sind, ebenso wie die nicht ortsansässigen *Lienhart Radawner* und *Walthesar von Laab, cum uxore* eingetragen worden. Es ist dies meines Wissens die einzige Quelle, in der von Frauen als Mitgliedern der Zeche die Rede ist.

Aus dieser Übersicht über die Mitglieder der Frauenzeche geht eindeutig hervor, daß die Bruderschaft eine Gemeinschaft der vornehmen Bürger des Marktes war. Dieser Eindruck bestätigt sich bei der Durchsicht der im Kopialbuch der Frauenzeche enthaltenen Urkunden.

So bekleidete *Hanns Polczel*, der in den Jahren 1405–1416 der Frauenzeche vorstand[44]), von 1413 bis in sein Todesjahr 1419[45]) das Amt eines Perch-

---

[39]) Im Mitgliederverzeichnis werden u.a. genannt: *Othmair des Türkischen Kaiser sun*; *Bajezid Otman* war ein türkischer Flüchtling vornehmer Abkunft, dem für kurze Zeit die Pflegschaft der Burg Perchtoldsdorf übertragen wurde, die er noch zu Beginn des Jahres 1477 mit der zu Baden vertauschte. Vgl. zu diesem Petrin, Perchtoldsdorf 19.– Auch der kaiserliche Rat *Thomas von Cilli*, Dompropst zu Konstanz und seit 1480 zu Wien, der damals auch Pfarrer zu Perchtoldsdorf war, hat sich wohl nur selten im Ort aufgehalten. Am 25.4 1496 ist Thomas als Bischof von Konstanz verstorben. Zu ihm siehe Hermann Göhler, Das Wiener Kollegiat- nachmals Domkapitel zum Hl. Stephan in seiner persönlichen Zusammensetzung in den ersten zwei Jahrhunderten seines Bestandes (1365–1554) (Phil.Diss. Wien 1932) 87–89 und Karl Großmann, Die Frühzeit des Humanismus in Wien bis zu Celtis Berufung 1497. In: Jb LKNÖ NF 22 (1929) 270f.– Ebenfalls nicht in Perchtoldsdorf ansässig waren *Lienhart Radawner*, der zwischen 1466 und 1489 Bürgermeister, Ratsbürger und Kämmerer in Wien war, und *Walthesar von Laab*. Zu *Radawner* siehe Richard Perger, Die Wiener Ratsbürger 1396–1526. Ein Handbuch. (Wien 1988) 231, Nr. 385.

[40]) *Wolfgang der Nosel, Wolfgang, diezeit schaffer*, und *Kaspar Siczenperger*.

[41]) Zechmeister *Mertt Jendel, Hanns Hold, Albrecht Kekch, Stainmulner, Turnawer, Hainrich Pawr, Wagramer, Aicher* u. *Hanns Hasenwaser*.

[42]) Vgl. die Listen der Marktrichter und Bürgermeister bei Petrin, Perchtoldsdorf 129ff.

[43]) Petrin, Perchtoldsdorf 113.– Im Kopialbuch [KB] finden sich folgende Belege für *Polczels* Zechmeisteramt: KB, *fol.* 17ʳ: Nr. 25, 1405 Juli 23; *fol.* 26ᵛ: Nr. 40, 1406 Jänner 21; *fol.* 68ᵛ: Nr. 94, 1409 November 21; *fol.* 32ᵛ: Nr. 47, 1414 April 2; *fol.* 35ᵛ: Nr. 50, 1414 April 21.

[44]) *Hanns Polczel* ist vor dem 26. September 1419 verstorben. An diesem Tag bestätigt Herzog Albrecht V. sein Testament, *das auch in dem marktpuch zu Perchtolczdorff aygenleich geschriben stet*; KB, *fol.* 8ʳ, Nr. 10.

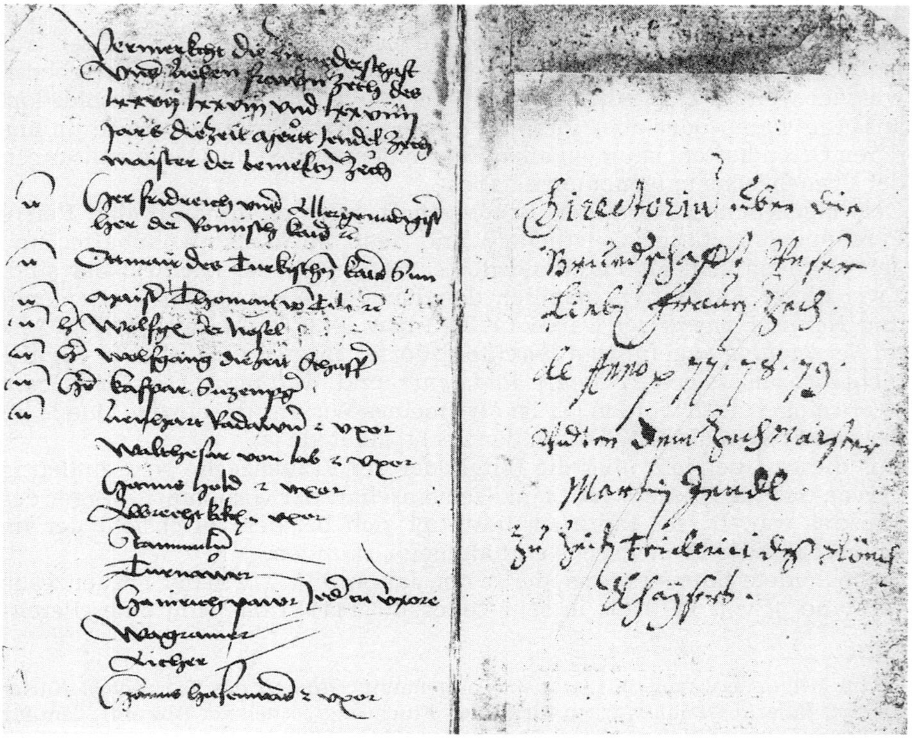

Abb. 3: Mitgliederverzeichnis der Frauenzeche (1477–79). – Reproduktion; AMP, HS B-142-1b, Zechenbuch der Frauenzeche, Eintragung auf der Innenseite des Pergamentumschlages (Ausschnitt).

toldsdorfer Marktrichters.[46]) Er übte somit vier Jahre lang (von 1413–1416) beide Funktionen parallel aus. Von 1405–1410 ist Polczel überdies als Ratsherr nachweisbar.[47])

Anders verhält es sich bei *Sebastian Fleissman*. Er war von 1444–1449 Zechmeister der Frauenzeche[48]) und übte erst nach Ablauf dieser Funktionsperiode in den Jahren 1450 und 1451 das Marktrichteramt aus.[49]) Von 1438–1444 und 1448–1449 findet sich sein Name in den Perchtoldsdorfer Ratslisten.[50])

Als Zechmeister des Jahres 1476 fungierte *Lienhart Hawsner*[51]), der von 1474–1480 Perchtoldsdorfer Ratsherr war.[52])

---

[45]) Petrin, Perchtoldsdorf 131; KB, *fol.* 8[v], Nr. 11, 1414 Juli 8; *fol.* 36[r], Nr. 51, 1415 Dezember 4; *fol.* 9[r], Nr. 13, 1417 März 3.

[46]) Petrin, Perchtoldsdorf 135.

[47]) Petrin, Perchtoldsdorf 114; KB, *fol.* 84[r] u. 86[r], Nr. 107, 1444 Mai 9.

[48]) Petrin, Perchtoldsdorf 132.

[49]) Petrin, Perchtoldsdorf 136f.

[50]) Petrin, Perchtoldsdorf 114; KB, *fol.* 86[v], Nr. XIV, 1476 März 14.

[51]) Petrin, Perchtoldsdorf 142.

Ulreich Eberl der Jüngere stand in den Jahren 1486–87[53]) bzw. 1492–1495[54]) der Frauenzeche vor. Sein Vater *Ulreich Eberl* der Ältere, der ein Haus in der Hochstraße besaß, war von 1457–1458 ebenfalls Zechmeister[55]) und ist in den Jahren 1456–1460 und 1466–1478 als Perchtoldsdorfer Ratsmitglied nachweisbar.[56])

Der Nachfolger Ulreich Eberls des Jüngeren als Zechmeister war *Mertt Mairhoffer* (*Mert Mayrhoffer*). Er übte dieses Amt im Jahre 1488 und von 1495 bis 1499 aus.[57]) In den Jahren 1491–1492, 1497–1501, 1503–1504, 1506 und 1512 fungierte Mairhoffer als Marktrichter[58]), während er 1502 und 1508 dem Perchtoldsdorfer Rat angehörte.[59])

Abschließend sei noch *Paull Senngínger* (*Senngynger*) erwähnt, der drei Jahre hindurch, nämlich von 1499–1501, der Frauenzeche als Zechmeister vorstand.[60]) Nach Ablauf seiner Amtsperiode wurde er 1502 in den Perchtoldsdorfer Rat gewählt, dem er später nochmals, und zwar im Jahre 1513, angehörte.[61])

Zusammenfassend läßt sich sagen, daß von den sieben oben erwähnten Zechmeistern der Frauenzeche nicht weniger als sechs mehrere Jahre hindurch Mitglieder des Perchtoldsdorfer Rates waren. Einzig *Ulreich Eberl* der Jüngere zählte nicht zum Ratskollegium. Drei der genannten Zechmeister, nämlich *Hanns Polczel*, *Sebastian Fleissman* und *Mertt Mairhoffer*, übten das Amt eines Marktrichters aus. Aus dem Verzeichnis von 1477–1479 wird überdies deutlich, daß auch die Mitglieder der Frauenzeche der Perchtoldsdorfer Honoratiorenschicht zuzurechnen waren. So manifestiert sich auch in Perchtoldsdorf, wie in anderen Städten Niederösterreichs[62]) das Bestreben der führenden Bürgerfamilien, bei ihrem Zusammenschluß zu Bruderschaften zugleich auch eine soziale Absonderung gegenüber Angehörigen anderer Bevölkerungsschichten zu vollziehen.

---

52) Petrin, Perchtoldsdorf 115; KB, *fol.* I[r]; Nr. I, 1487.

53) Petrin, Perchtoldsdorf 115; KB, *fol.* I[v], Nr. IV, 1492; *fol.* I[v], Nr. V, 1492; *fol.* I[v], Nr. VI, 1492; *fol.* I[v], Nr. VII, 1495 Jänner 18; *fol.* II[r], Nr. VIII, 1495 Jänner 18.

54) Petrin, Perchtoldsdorf 114.

55) Petrin, Perchtoldsdorf 97, 138–142 u. 401 (Anm. 28).

56) Petrin, Perchtoldsdorf 115; KB, *fol.* II[r], Nr. XI, 1495 September 27; *fol.* II[r], Nr. X, 1496 Jänner 21; *fol.* 87[r], Nr. XV, 1497.

57) Petrin, Perchtoldsdorf 134.

58) Petrin, Perchtoldsdorf 143f.

59) Petrin, Perchtoldsdorf 115; KB, *fol.* II[v], Nr. XI, 1500 Februar 11; *fol.* II[v], Nr. XII, 1501 November 20.

60) Petrin, Perchtoldsdorf 144.

61) Als Beispiele für Patrizierzechen in Niederösterreich seien angeführt: die *Priesterbruderschaft oder Herrenzeche in Krems* (Otto Brunner, Die geschichtliche Stellung der Städte Krems und Stein. In: Krems und Stein. Festschrift zum 950-jährigen Stadtjubiläum [Krems/Donau 1948] 78) – eine Edition des Gründungsstatuts der Herrenzeche aus dem Jahre 1330 findet sich in: Die Rechtsquellen der Städte Krems und Stein. Hrsg. Otto Brunner = FRA III/1 (Graz/Köln 1953) 33ff –, die *Fronleichnamsbruderschaft in Wiener Neustadt* (Drexler, Fronleichnamszeche) und die *Bürger- oder Liebfrauenzeche in Mödling* (Karl Giannoni, Geschichte der Stadt Mödling [Mödling 1905] 77 u. 92.).

1.2.4. Verwaltung frommer Stiftungen:

Eine der Hauptaufgaben der Frauenzeche bestand in der Verwaltung eines Teiles des Stiftungsgutes der Perchtoldsdorfer Pfarrkirche.[63]) Es handelt sich hiebei vor allem um Zuwendungen der Gläubigen für bestimmte Zwecke, wie die Ausschmückung des Gotteshauses oder die Ausgestaltung des Gottesdienstes. Dieses Kirchenstiftungsgut, auch Kirchenfabrik – *fabrica ecclesiae* – genannt, war getrennt vom Benefizialgut, das zur Versorgung der Pfarrgeistlichkeit diente.

Das mittelalterliche Stiftungswesen war Ausdruck einer breite Schichten der Bevölkerung umfassenden Volksreligiösität und hatte ihre Grundlage in der kirchlichen Lehre vom Nutzen guter Werke für das Seelenheil des Menschen und der damit verbundenen Möglichkeit, die Seele aus den Qualen des Fegefeuers zu erlösen. Eine äußerst gebräuchliche und beliebte Stiftungsform mit dem Zweck, die eigene Seele zu retten und ebenso dem Seelenheil verstorbener Verwandter zu dienen, war das Seelgerät.[64])

Einen breiten Raum unter den Seelgeräten nimmt die Stiftung von Jahrtagen, sogenannten Anniversarien, ein. Die Abhaltung der Jahrtage, die entweder auf testamentarischem Wege oder aufgrund eigener Rechtsakte errichtet wurden[65]), fiel entweder auf den Todestag oder den Namenstag des Stifters. Die Zelebration umfaßte zwei Teile: sie beginnt mit dem in den Quellen als Vigilie bezeichneten *officium defunctorum*, das stets am Vorabend begangen und des öfteren mit einer Prozession zum Grab des Stifters abgeschlossen wird, und endet am folgenden Morgen mit einer Seelenmesse, häufig in der gesungen Form eines Reqiems.[66])

So bestimmt der Perchtoldsdorfer Pfarrer *Haynreich Wurmprant* für seinen im Jahre 1343 gestifteten Jahrtag eine Prozession zu seinem Grab: *Also daz man an dem suntag ze abent vigiln singe und umb die chirichen ge ze aynem mal mit singen, mit sprechen, mit sprengen und mit rauchen* [...] *und sol man an dem mantag vor dem vronampt ain selmesse singen.*[67]) In ähnlicher Weise legten der Perchtoldsdorfer Bürger *Ulreich Olm* und dessen Ehefrau *Anna* für ihre Jahrtagsstiftung fest: *Von erst am obent schol man singen gancze vigiln* [...] *und nach der vigiln uber unser graber gen mit gesanch* [...] *und des margens schol man singen ein selampt* [...].[68])

Neben diesen allgemeinen Bestimmungen über den Ablauf der Jahrtage wurden in den Stiftungsurkunden bestimmte Durchführungsmodalitäten festgehalten. So werden die Anzahl und Entlohnung der mitwirkenden Kleriker, die Oblationen für den Pfarrer, die Dauer des Glockengeläuts und

[62]) Elfriede Drexler, Beiträge zum Bruderschaftswesen im Wiener Becken. In: UH 29 (1958) 178; Lentze, Struktur 20.

[63]) Hans Lentze, Das Sterben des Seelgeräts. In: Österreichisches Archiv für Kirchenrecht 7 (1956) 30.

[64]) Petrin, Perchtoldsdorf 272.

[65]) Hans Lentze, Begräbnis und Jahrtag im mittelalter lichen Wien. In: Zeitschrift der Savigny-Stiftung für Rechtsgeschichte/Kanonistische Abteilung 36 (1950) 328–364.

[66]) KB, *fol.* 52^r^, Nr. 72, 1343 Dezember 6.

[67]) KB, *fol.* 53^r^: Nr. 73, 1390 August 2.

die Zahl der während der Jahrtagsfeier zu verwendenden Kerzen genau festgelegt. Als Beispiel für eine solch präzise Festlegung des Ablaufes sei der Jahrtag des Ehepaares *Thoman* und *Elzzpet Amman* vom Jahre 1372 angeführt: *Von erst so schol man geben und raichen vier priestern pey der pharrchirichen ze Perchtolczdorf yegleichem zehen phennig, daz sy an dem obent vigiln singen und des margens ein selampt* [...] *Man schol geben dem guster acht phennig, daz er leyt zu der vigiln mit allen glokken* [...]. *Man schol geben dem pharrer fur oblay sechtzikch phennig. Man schol auch stekchen zu der vigiln und zu dem selampt zweliff prynnunde cherczen* [...].[69])

Manchmal waren mit den Jahrtagen karitative Werke, wie Ausspeisung der Bedürftigen[70]) und Verteilung von Tuch an die Armen[71]), verbunden.

In den meisten Fällen werden Jahrtage einmal jährlich begangen, reicher dotierte Jahrtage waren viermal im Jahr – in jeder Quatember – abzuhalten.[72]) Die für die Aufrechterhaltung einer einfachen Jahrtagsstiftung aufzuwendende Geldsumme betrug zumeist 1 bis 2 *tl Wr. d*[73]) und lastete üblicherweise als jährlich abzuführende Burgrechtsrente[74]) auf einem Grundstück, dessen Verkaufswert zehnmal so hoch war wie die fällige Rente. Bei den viermal im Jahr abzuhaltenden Jahrtagen bestand die Dotation vornehmlich in Realitäten.[75]) Im Falle einer Erblaststiftung blieb das Recht der Grundstücksnutzung den Erben des Stifters erhalten unter der Bedingung, daß er die Stiftungsbedingungen erfüllte.[76])

---

[68]) KB, *fol.* 28r: Nr. 41, 1372 Juli 13.

[69]) KB, *fol.* 28r: Nr. 41, 1372 Juli 13: *Darnach schol man geben armen lewten umb drewhundert helbert prott fumf schilling phennig, umb wein drey schilling phennig.*

[70]) KB, *fol.* 59r: Nr. 81, 1386 Juli 20: Seelgerät der *Margret Helbling*: *Also beschaydenleich* [...], *daz danne auch ain yegleich zechmaister,* [...] *furbaz* [...] *wann ich abgen mit dem tod, alle jar ewichleich durich unserr sel willen chauffen sullen ain wolleins oder ayn leyneins tuch umb ayn phunt Wienner phennig an sand Merteinstag und daz sol dann derselb zechmaister tayln an demselben tag under arm lewt* [...].

[71]) KB, *fol.* 47v–48r: Nr. 66, 1341 Mai 3: Jahrtag des Marktrichters *Ruger* und seiner Ehefrau *Pericht*; Jahrtag des Pertoldsdorfer Pfarrers *Hanns Vortsperger* im Anschluß an eine Meßstiftung: KB, *fol.* 82v: Nr. 106, 1419 Juni 9.

[72]) Jahrtagsstiftung der *Chunigund Rwdlyeb* in der Höhe von 1 *tl Wr. d*: KB, *fol.* 33v–34r: Nr. 48, 1397 Dezember 6; Seelgerätsstiftung des Ehepaares *Chunrat* und *Elzzpet Gerollt* um 2 *tl Wr. d*: KB, *fol.* 26v–27v: Nr. 40, 1406 Jänner 21; Zustiftung des Ehepaares *Hanns* und *Christein Polczel* zur wöchentlichen Sonntagsvigilie um 1 *tl Wr. d*: KB, *fol.* 10r–10v: Nr. 14, 1415 Februar 22; Jahrtagsstiftung des Ehepaares *Hans* und *Anna Humel* um 2 *tl Wr. d*: KB, *fol.* 36r–37r: Nr. 51, 1415 Dezember 4.

[73]) Zu den Burgrechtsrenten vgl. das Kapitel über die Besitzungen und Einkünfte der Frauenzeche.

[74]) Vgl. z.B. die Jahrtagsstiftung von Richter *Ruger* und seiner Gemahlin *Pericht* vom 3. Mai 1341: Die Stiftungsgrundlage bilden ein Weingarten am Kunigundberg, fünfeinhalb *ß Wr. d* von Gemüsegärten, 33 Pfund Wachs und zwei Brotbänke: KB, *fol.* 47v–48r: Nr. 66.

[75]) Hans Lentze, Das Seelgerät im mittelalterlichen Wien. In: Zeitschrift der Savigny-Stiftung für Rechtsgeschichte, Kanonistische Abteilung 44 (1958) 95f; als

Häufiger findet man in den Quellen jedoch die Schenkungstiftung unter Auflage. Es handelt sich hiebei um Stiftungen zu treuer Hand, wobei das Dotationsgut einer geistlichen oder halbgeistlichen Institution, beispielsweise einem Kloster, einer Pfarrkirche oder einer Zeche, mit der Auflage übergeben wird, die Stiftungsverbindlichkeiten einzuhalten.[77]) Oft findet sich auch die Bestimmung, daß dem überlebenden Ehepartner, der die Bezahlung des Jahrtages zu übernehmen hat, ein lebenslängliches Nutzungsrecht für das Stiftungsgut eingeräumt werden soll, das erst nach dessen Ableben in das Nutzungseigentum einer Pfarre oder Zeche übergeht.[78]) In Perchtoldsdorf wurde bei dieser Stiftungsform besonders häufig die Frauenzeche mit der Verwaltung des Stiftungsvermögens betraut. Als Beispiel hiefür sei die Jahrtagstiftung des Ehepaares *Ulreich* und *Anna Olm* vom 2. August 1390[79]) angeführt. Zunächst sichern sich die beiden Eheleute gegenseitig ein lebenslängliches Nutzungsrecht an ihrem Weingarten am Perchtoldsdorfer Viechparz zu: *Ist aber* [...], *daz danne dieweil under uns payden ains abget mit dem tode,* [...] *so schol danne* [...] *daz ander, daz da lebt, den vorgenanten weingarten in nucz und gewer haben* [...], *uncz an seynen tode unverchumert* [...].[80]) Nach dem Tod des überlebenden Ehepartners aber [...] *schol derselb weingarten* [...] *gevallen* [*sein* ...] *in unser frawn zeche und ewichleich dapey peleyben* [...].[81]) Für die Durchführung des Jahrtages soll dann der Zechmeister Sorge tragen: *Also daz danne der zechmaister* [...] *unser frawn zeche* [...] *den egenanten jartag furbaz alle jar ewichleich davon pegen schol* [...].[82])

Häufig anzutreffen ist auch der Fall, daß der Stifter der Frauenzeche einen bestimmten Geldbetrag übergibt und den Zechmeister damit beauftragt, eine Burgrechtsrente zu kaufen, die dann auf Gütern Dritter lastet.[83]) So verkaufen der Perchtoldsdorfer Fleischhauer *Hanns der Humel* und seine Ehefrau *Anna* 2 *tl Wr. d* Burgrecht auf ihrem an der Perchtoldsdorfer Neustift gelegenen Haus um 20 *tl Wr. d* an die Frauenzeche, die diesen Geldbetrag für [...] *Mathesen dem Henndlein* [...] *zu seinem jartag, so er geschafft hat* [...] angelegt hat.[84]) In einer am 16. Oktober 1417 ausgestellten Urkunde[85]) kauft die Frauenzeche um 30 *tl Wr. d* von Hensel dem Polczel eine Burgrechtsrente von 3 *tl Wr. d*, die auf dessen Haus in der Hochstraße in Perchtoldsdorf liegt. Von diesen 3 *tl Wr. d* dienen 2 *tl Wr. d* für die Aus-

---

Beispiele für Erblaststiftungen in Perchtoldsdorf seien angeführt: Seelgerätsstiftung des Perchtoldsdorfer Bürgers *Ott an dem Perch* und seiner Gemahlin *Gedraut*: KB, *fol.* 42v–43r: Nr. 59, 1362 März 17; Jahrtagsstiftung der Perchtoldsdorferin *Preyde* [beim Tor]: KB, *fol.* 53v–55r: Nr. 74, 1387 März 6.

[76]) Lentze, Sterben des Seelgeräts 31f.

[77]) Petrin, Perchtoldsdorf 273.

[78]) KB, *fol.* 52v-53v: Nr. 73.

[79]) KB, *fol.* 53r: Nr. 73.

[80]) KB, *fol.* 53r-53v: Nr. 73.

[81]) KB, *fol.* 53v: Nr. 73.

[82]) Felix Czeike, Das „Burgrecht“ in Wien im 15. Jahrhundert. In: Jahrbuch des Vereins für Geschichte der Stadt Wien 10 (1953) 125; Petrin, Perchtoldsdorf 273.

[83]) KB, *fol.* 36r–37r: Nr. 51, 1415 Dezember 4.

[84]) KB, *fol.* 50r–50vv: Nr. 69.

richtung des Jahrtages von *Mathes dem Hendel* und 1 *tl Wr. d* für den Jahrtag *Leopolts im Egen*. In der Urkunde heißt es: [...] *die vorgenanten drew phunt gelts purchrechts haben wir auf dem egenanten unserm haws* [...] *recht und redleichen verchauft und geben in unser frawn zech* [...] *der auch die zway phunt phennig gelts herchomen sind von hern Mathesen dem Hendel seligen und gehorent zu seinem jartag, den er geschaft hat; und daz ain phunt gelts ist herchomen von Leopolten im Egen und gehort auch zu seinem jartag, den er geschaft hat.*[86]) Da die Stifter oft befürchteten, die Frauenzeche könnte die ihr anvertraute Abhaltung des Jahrtages unterlassen, versuchten sie dessen Durchführung in Form der sogenannten Verfallsklausel zu sichern.[87]) Diese erlegte einer Kontrollinstanz, z.B. der Stifterfamilie, der Pfarre, einer Zeche oder sonst irgendeiner Institution oder Einzelperson die Verpflichtung auf, dem Nutzungsberechtigten im Falle der Nichterfüllung der Stiftungsbestimmungen das Dotationsgut zu entziehen. In den Quellen ist dann von Unterziehung bzw. Unterwindung seitens der betreffenden Kontrolllinstanz die Rede. So wird in der bereits erwähnten Jahrtagsstiftung des *Thoman* und der *Elzzpet Amman* vom Jahre 1372[88]), in der einander die beiden Eheleute ein lebenslängliches Nutzungsrecht für den als Dotationsgrundlage dienenden Weingarten vertraglich zusichern, für den Fall, daß der überlebende Ehepartner die Begehung des Jahrtages unterläßt, die Frauenzeche ermächtigt, das Stiftungsgut einzuziehen. Die betreffende Urkundenstelle lautet: *Swenn aber daz wer under uns payden, swelichgs daz ander uberlebt und den jartag also nicht pegieng* [...], *so ist daz unser payder wulchier und gutleich will, daz sich denn ein zechmaister, wer dy egenanten unser frawn zech innehat, des egenanten weingarten underzie-*

Abb. 4: Innenansicht der Pfarrkirche zu Perchtoldsdorf. – Photo; AMP.

---

[85]) KB, *fol.* 50r: Nr. 69; vgl. auch die Seelgerätsstiftung des *Wernhart in der Knappenstraße* und des Richters *Ruger*: KB, *fol.* 39v–40rv: Nr. 55, 1344 Mai 12; Seelgerät des Ehepaares *Dyettreich* und *Margret Eczenvellder*: KB, *fol.* 26v–27v: Nr. 40, 1406 Jänner 21.

[86]) Vgl. Lentze, Sterben des Seelgeräts 33; ders., Seelgerät im mittelalterlichen Wien 100.

[87]) KB, *fol.* 27v-28v: Nr. 41, 1372 Juli 13.

hen und underwinden schol pey desselbigen lemtigen leyb an alles recht und an alle pet.[89]) Sollte aber auch der Zechmeister die Stiftungsbestim mungen nicht ordnungsgemäß ausführen, werden vier ehrbare Perchtoldsdorfer Bürger damit betraut, das Stiftungsgut der Zeche wieder zu entziehen und, [...] *nach des pharrer rat, den egenanten weingarten* [...] *einem gemain mann ingeben ze getrewr hant, der den jartag furbaz encziehleich also pege* [...].[90])

Trotz aller Bemühungen, den Bestand der Jahrtagsstiftungen zu gewährleisten, verfielen diese aufgrund der im Spätmittelalter auftretenden Geldentwertung zusehends[91]), und manche mußten schon im Verlauf des 14. Jahrhunderts aus Einsparungsgründen zusammengelegt werden.[92]) Bereits im 15. Jahrhundert häufen sich die urkundlichen Hinweise, die im Gegensatz zu den bisher auf „Ewigkeit" geltenden Anniversarien von einer zeitlichen Begrenzung der Jahrtage sprechen.[93]) So verpflichtet sich der Perchtoldsdorfer Bürger *Peter Pawngartner* in einer am 28. Mai 1417 ausgestellten Urkunde[94]), der Frauenzeche für die Dauer von vierzig Jahren jährlich 3 *tl Wr. d* zum Zweck der Begehung eines Jahrtages für seine verstorbene Schwester *Margret Turnchart* zu übergeben. Nach Ablauf dieser vierzigjährigen Frist soll der Jahrtag zugleich mit der Zahlungsverpflichtung enden: *Und wann dann die egenanten viertzikch jar gancz aus und vergangen sind, so sein wir und all unser erben der egenanten drew phunt phennig gelts furbaz nymant mer phlichtig ze dienen* [...].[95])

Erheblich aufwendiger als die Jahrtage war die Errichtung von Meßstiftungen. Besonders hohe Ausgaben erwuchsen dem Stifter, wenn er einen eigenen Kaplan mit der Abhaltung der Messe beauftragte. Es mußten in diesem Fall sowohl die Tätigkeit des Kaplans als auch dessen Unterhaltskosten entsprechend hoch dotiert werden. Auch bei Meßstiftungen wurde die Frauenzeche vom Stifter zumeist mit der Verwaltung des Dotationsgutes betraut. Im Kopialbuch der Frauenzeche sind drei Meßpfründenstiftungen aus den Jahren 1381, 1399 und 1419 enthalten.

Am 21. April 1381[96]) stiften der Wiener Bürger *Michel Spiegler* und seine Ehefrau *Chunigund* eine fünfmal wöchentlich in der Pfarrkirche von Perchtoldsdorf abzuhaltende ewige Messe, für deren Zelebrierung ein Kaplan eingestellt werden soll, der mit einem Jahresgehalt von 6 *tl Wr. d* zu besolden ist und für dessen Unterhalt jährlich 10 *tl Wr. d* bereitzustellen sind. Als Dotationsgut dienen drei Weingärten, für die sich das Stifterehepaar ein lebenslängliches Nutzungsrecht vorbehält. Nach dem Ableben der Stifter sollten die Erben zu der Meßstiftung eine Summe von 32 *tl Wr. d* erlegen, die zusammen mit den drei Weingärten in das Nutzungseigentum der Frauenzeche überzuführen seien. Die besondere Sorge um die Auf-

---

88) KB, *fol.* 28r-28v: Nr. 41.
89) KB, *fol.* 28v: Nr. 41.
90) Lentze, Sterben des Seelgeräts 35.
91) Petrin, Perchtoldsdorf 274.
92) Petrin, Perchtoldsdorf 274.
93) KB, *fol.* 48v–50r: Nr. 68.
94) KB, *fol.* 49v: Nr. 68.
95) KB, *fol.* 4v–6v: Nr. 8.

rechterhaltung der Meßstiftung manifestiert sich in der Festlegung einer doppelten Verfallsklausel: Sollte die Frauenzeche den Stiftungsbestimmungen nicht entsprechend nachkommen, sind die Erben des Ehepaares ermächtigt, die genannten Weingärten der Perchtoldsdorfer Pfarre zu übereignen. In der betreffenden Urkundenstelle wird verfügt: [...] *ob das wer, daz der zechmaister ze Perchtolczdorf* [...] *und di purger daselbs furbaz sawmug wern, daz di vorgenant messe nicht volbracht wurde* [...] *so sullen dann unser paider frewnt* [...] *die vorgenanten weingarten ... und die zwayunddreyzzig phunt phennig* [...] *aws der vorgenanten zeche wider nemen und sullen den das dem pharrer ze Perchtolczdorf also ingeben und gewaltig machen* [...].[97]) Für den Fall, daß auch die Pfarre für die Stiftung nicht in geeigneter Weise Sorge trägt, bestimmt eine weitere Verfallsklausel die Übergabe des Stiftungsvermögens an ein anderes Gotteshaus: *Wer aber, das derselb pharrer oder sein nochchomen ouch nicht recht damit umbgiengen, so sullen aber di, die sew mit dem prief monent, den wir von in haben, demselben pharrer die egenanten guter aws irr gewalt wider nemen und sullen ouch* [...] *dieselben guter anttwurten und geben zu aynem andern gotzhaws* [...].[98])

Auch die am 24. November 1399 zum Katharinenaltar errichtete Meßpfründenstiftung des Perchtoldsdorfer Marktrichters *Janns Lanng* und seiner Ehefrau *Pericht*[99]) sieht eine Verwaltung des Dotationsgutes, bestehend aus einem Weingarten im Barmhartstal und einer Kapitalsumme von 254 *tl Wr. d* durch die Frauenzeche vor. Im Gegensatz zur Spieglerstiftung geht das Stiftungsvermögen aber schon zu Lebzeiten des Ehepaares *Lanng* in das Nutzungseigentum der Zeche über. Auch hier wird versucht, den Bestand der Stiftung durch eine Verfallsklausel zu sichern. Sollte die Frauenzeche die Meßstiftung nicht ordnungsgemäß ausrichten, so sollen die Erben das Dotationsgut einziehen und einer anderen vom Perchtoldsdorfer Pfarrer auszuwählenden Zeche übertragen.[100])

---

[96]) KB, *fol.* 6[r]: Nr. 8.

[97]) KB, *fol.* 6[r]: Nr. 8.

[98]) KB, *fol.* 6[v]–8[r]: Nr. 9.– Am 12. März 1400, Perchtoldsdorf, wurde die Meßstiftung des Ehepaares Lang durch Zechmeister *Fridreich Tuenawer* und die Mitglieder der Frauenzeche bestätigt. Aus der Urkunde, von deren Existenz mich Herr Univ. Prof. Dr. Paul Uiblein freundlicherweise unterrichtet hat, geht hervor, daß die Frauenzeche zum Zeitpunkt der Ausstellung bereits insgesamt 18 *tl Wr. d* Burgrecht auf Haus-, Mühlen- und Weingartenbesitz in Perchtoldsdorf für die Dotation der Langstiftung angelegt hatte.– Die Urkunde befindet sich im Archiv der Universität Wien, wo sie die Signatur *B*-57 trägt: Pergament, 550 x 420 mm, Plica. Siegler: 1. Siegel der Frauenzeche (in zwei Teile gebrochen, die mit Wachs zusammengeklebt sind), 2. *Leb der Nusdorffer*, Marktrichter zu Perchtoldsdorf, 3. *Nycls der Turnkart*, Bürger zu Perchtoldsdorf (Siegel stark beschädigt), 4. *Chunrat der Polczll*, Judenrichter zu Perchtoldsdorf (nur mehr Siegelschale erhalten).

[99]) KB, *fol.* 7[v]: Nr. 9: *Wer aber das der zechmaister* [...] *unser frown zech* [...] *und dy puriger doselbs furbaz sawmig wern, das dy vorgenant mess nicht volbracht wurd,* [...] *so schullen dan unser bayd frewnt aus der egenanten zech alles wider nemen. Also das dyselb mein nogst frewnt* [...] *noch des pharrer ratt das vorgenant gutt alles sullen geben in andre zech,* [...] *do es der vorgenanten mess woll leyt* [...].

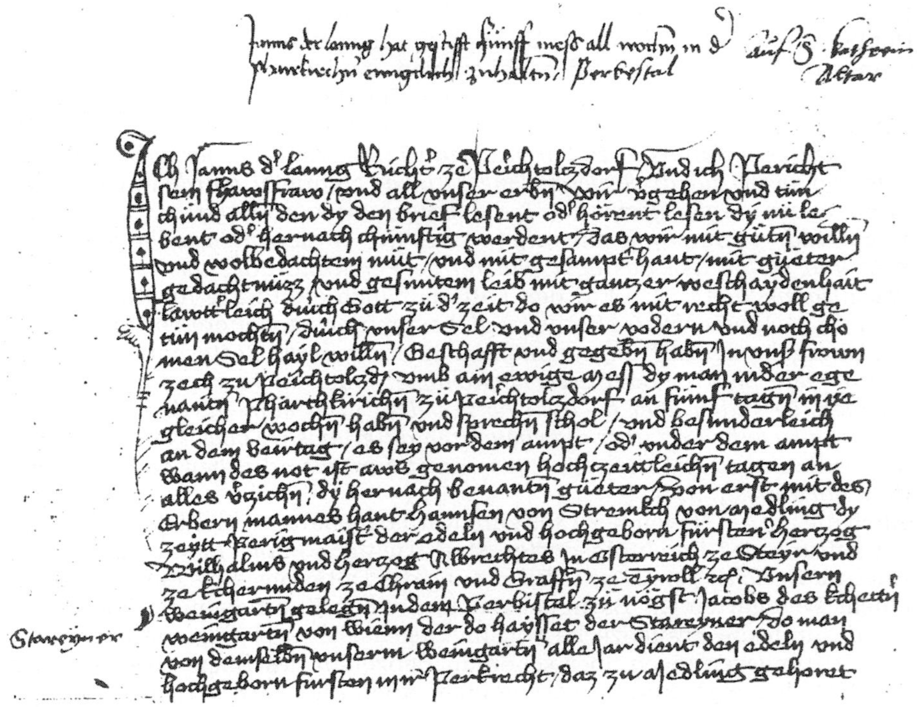

Abb. 5: Meßstiftung des Marktrichters *Jans Lang* und seiner Gemahlin *Pericht*; siehe Regest Nr. 9. – Reproduktion; KB: *fol.* 6^{v} (Ausschnitt).

Etwas anders verhält es sich hinsichtlich der Verwaltung des Stiftungsvermögens bei der Meßbenefizienstiftung des Perchtoldsdorfer Pfarrrs *Hanns Voitsperger* vom 9. Juni 1419.[101]) In der vorliegenden Urkunde wird das Dotationsgut, das aus einem Hof in der Knappenstraße, 11 Rechel Weingarten und 21 Tagwerk Wiese besteht, der Perchtoldsdorfer Pfarre zur Nutzung übertragen. Eine Verfallsklausel bestimmt, daß, sollte der jeweilige Pfarrer den Stiftungsverpflichtungen nicht nachkommen, das Dotationsgut in die Verwaltung der Frauenzeche überzugehen hätte, die den Pfarrer in diesem Fall für den Entgang der Güter entschädigen müßte. Tatsächlich gelangte das Stiftungsgut in das Nutzungseigentum der Frauenzeche, wie ein am 9. Mai 1444 zwischen Zechmeister *Sebastian Fleissman* und Pfarrer *Thoman Ebendorfer* von Haselbach geschlossener Vertrag bezeugt.[102]) Ebendorfers Amtsvorgänger *Johannes Fluck* von Pfullendorf[103]) hatte die Ein-

---

[100]) KB, *fol.* 82^{r}–83^{v}: Nr. 106.

[101]) KB, *fol.* 84^{r}–86^{r}: Nr. 107.

[102]) Perchtoldsdorfer Pfarrer von 1423–1434.– Zu *Fluck* vgl. *Acta facultatis artium universitatis Vindobonensis* 1385–1416. Hrsg. Paul Uiblein = Publikationen des Instituts für Österreichische Geschichtsforschung, VI. Reihe: Quellen zur Geschichte der Universität Wien, 2. Abteilung (Wien/Köln/Graz 1968) 528f (Register); Die Akten der Theologischen Fakultät der Universität Wien (1396–

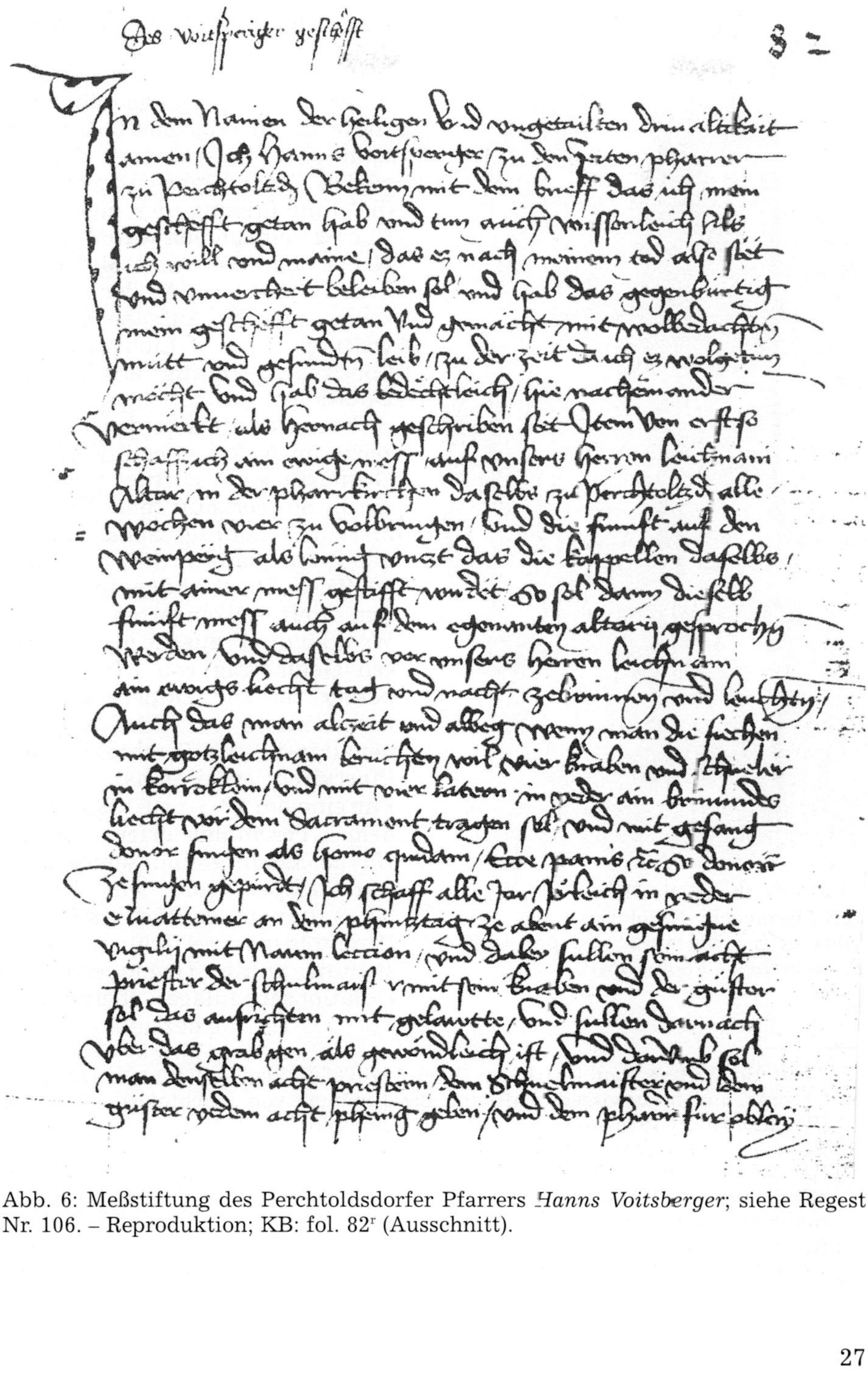

Des Voitsperger gestifft 82

In dem Namen der heiligen vnd vngetailten drivaltikait
amen / Ich Hanns Voitsperger zu den zeiten pharrer
zu Perchtoltzdorf Bekenn mit dem brieff das ich mein
gestifft getan hab vnd tun auch wissenleich als
ich will vnd maine / das es nach meinem tod also stet
vnd vnuerkert beleiben sol vnd hab das gegenwurtig
mein gestifft getan vnd gemacht mit wolbedachtem
mut vnd gesundem leib / zu der zeit do ich es wol getun
macht vnd hab das bedechtleich / hie nach benanter
vermacht als hernach geschriben stet Item von erst so
schaff ich ain ewige mess auf vnsers herren leichnam
Altar in der pharrkirchen daselbs zu Perchtoltzdorf alle
wochen vier zu volbringen / vnd die funft auf den
Weinperg als lang vntz das die kappellen daselbs
mit ainer mess gestifft wirdet So sol dann dieselb
funft mess auch auf dem egenanten altar gesprochen
werden / vnd daselbs vor vnsers herren leichnam
ain ewigs liecht tag vnd nacht zebrinnen vnd leuchten /
Auch das man alzeit vnd allweg wenn man die siechen
mit gotsleichnam berichten wil vier knaben vnd schuler
in korrokken / vnd mit vier laternen in yeder ain brinnunde
liecht vor dem Sacrament tragen sol vnd mit gesang
dauor singen als Homo quidam / Ecce panis etc. So dauor
ze singen gepuret / Ich schaff alle Jar jerleich in yeder
Quattember an dem phintztag ze abent ain gesungne
vigili mit Newn lection / vnd dabey sullen sein acht
priester der schulmaister mit sein knaben vnd der guster
sol das aufrichten mit gelautte / vnd sullen darnach
vber das grab gen als gewondleich ist / vnd dauon sol
man denselben acht priestern dem schulmaister vnd dem
guster yedem acht phening geben / vnd dem pharrer fur solich

Abb. 6: Meßstiftung des Perchtoldsdorfer Pfarrers *Hanns Voitsberger*; siehe Regest Nr. 106. – Reproduktion; KB: fol. 82r (Ausschnitt).

Abb. 7: Grabstein des Thomas Ebendorfer von Haselbach; Nikolauskapelle, Perchtoldsdorfer Wehrturm (urspr. in der Pfarrkirche). – Photo; AMP.

künfte aus den Dotationsgütern eingezogen, ohne der Frauenzeche eine entsprechende Entschädigung zu leisten.[104]) Ebendorfer trat die Güter an die Frauenzeche unter der Bedingung ab, daß, sollte die Bruderschaft den Verkauf oder Tausch eines der besagten Güter beabsichtigen, dazu die Einwilligung des jeweiligen Pfarrers einzuholen wäre.[105])

Neben Jahrtags- und Meßpfründenstiftungen wurde der Frauenzeche auch die Aufgabe der Verwaltung von Lichtstiftungen übertragen. Häufig erfolgte die Dotation durch eine Burgrechtsrente, die von der Frauenzeche im Auftrag des Stifters auf Grundstücken Dritter angelegt wird. So verkauft das Ehepaar *Mert* und *Gedraut Smid* aus Rodaun ein halbes *tl Wr. d* und 20 *Wr. d* Burgrechtsrente auf ihrem Viertel Weingarten um 6 *tl Wr. d* an die Frauenzeche, die diesen Geldbetrag von *Ulreich Hoperger* für die Dotierung einer Lichtstiftung vor dem Katharinenaltar in der Perchtoldsdorfer Pfarrkirche erhalten hat.[106])

Für eine am 27. April 1398[107]) von dem Perchtoldsdorfer Bürger *Hanns Mawtter* und seiner Ehefrau *Elspet* vor dem Zwölfbotenaltar in der Pfarrkirche von Perchtoldsdorf errichtete Lichtstiftung wurde Grundbesitz als Dotationsgrundlage herangezo-

1508), Bd. 2. Hrsg. Paul Uiblein, (Wien 1978) 659f (Register); Ludwig Dörner, Chronik und naturwissenschaftliche Beschreibung von Perchtoldsdorf, 1. Teil (Perchtoldsdorf 1936) 155–157; Petrin, Perchtoldsdorf 262f.

[103]) Petrin, Perchtoldsdorf 277.

[104]) KB, *fol.* 85^{v}: Nr. 107: *Und ob ains der egenant stukch oder menigers verchauft oder verwechsselt solt werden, das dasselb geschech mit ains pharrer ze Berchtoltzdorf wissen und willen* [...].

[105]) KB, *fol.* 61^{r}–62^{r}: Nr. 84, 1355 Februar 3.

[106]) KB, *fol.* 66^{r}–66^{v}: Nr. 90.

gen. Zu Lebzeiten des Ehepaares sollte die Frauenzeche die Stiftung von den Erträgnissen eines Weingartens am Herzogberg bestreiten. Nach dem Tod der Stifter ist eine Verbesserung der Dotation um 6 *tl Wr. d* aus ihrem beweglichen Nachlaß vorgesehen. Diese Geldsumme hat der Zechmeister der Frauenzeche zum Zweck einer möglichst dauerhaften Wertsicherung auf einem Grundstück anzulegen. Eine Verfallsklausel, die dem Zechmeister im Falle der Nichteinhaltung der Stiftungsverfügungen die Übereignung der Dotationsgüter an die Gottesleichnamszeche andrcht, soll den Bestand der Lichtstiftung garantieren.[108]) Abschließend sei noch auf die Stiftung von Sanktuskerzen, sogenannten *candelae elevaticnis*, hingewiesen, die in den deutschen Quellen als Wandelkerzen bezeichnet werden. Diese wurden während der Messe beim *Memento* für die Lebenden vor der Wandlung entzündet und nach der Kommunion wieder gelöscht.[109]) Im Kopialbuch findet sich eine derartige Sanktuskerzenstiftung. In einer am 1. September 1391 ausgestellten Urkunde[110]) gelobt *Chunrat Mynndler*, Zechmeister der Gottesleichnamszeche, die Stiftung einer *wandlungcherczen*, [...] *die man alfart zu der wandlung aufzunnden schol* [...][111]), die das Perchtoldsdorfer Ehepaar *Syghart pey dem Tor* und dessen Ehefrau *Preyde* um 10 *tl Wr. d* zum Kreuzaltar in der Perchtoldsdorfer Pfarrkirche gemacht hat, instandzuhalten. Auch hier soll eine Klausel den Bestand der Stiftung sichern: Als Buße bei Nichterfüllung der Stiftungsbestimmungen hat die Gottesleichnamszeche vier Pfund Wachs an die Frauenzeche abzuliefern.

1.2.5. Besitzungen und Einkünfte

Der Besitz der Frauenzeche bestand zunächst vor allem aus Hausbesitz in Perchtoldsdorf und Brunn am Gebirge.[112]) Hinzu kam erheblicher Weingartenbesitz hauptsächlich in Perchtoldsdorf, der für die Frauenzeche nicht unbeträchtlichen Gewinn abwarf, weil die Bruderschaft, wie auch die Pfarre und später das Spital[113]), seit ihrer Gründung das Recht besaß, ihren Wein steuerfrei auszuschenken oder zu exportieren. So heißt es in den *spiritalia instituta et articuli* des Pfarrers *Händl*: *Item ab inicio ereccionis prefate zeche semper ipsa libere vina sua invasavit, vendidit aut ad ducillum propinavit sine stewra et impedimento incolarum et civium fori antedicti.*[114]) Hauptabnehmer für den Wein der Frauenzeche waren Orte in

---

[107]) Weitere Beispiele für Lichtstiftungen: KB, *fol.* 64ʳ–64ᵛ: Nr. 87, 1380 Juli 25; KB, *fol.* 37ʳ–38ʳ: Nr. 52, 1394 Dezember 20.

[108]) Vgl. Lentze, Seelgerät im mittelalterlichen Wien 45f.

[109]) KB, *fol.* 63ʳ–63ᵛ: Nr. 86.

[110]) KB, *fol.* 63ᵛ: Nr. 86.

[111]) Eine genaue Übersicht über den Hausbesitz der Frauenzeche für die Zeit um 1425 gibt Petrin, Perchtoldsdorf 107f.; vgl. auch Adam Latschka, Geschichte des niederösterreichischen Marktes Perchtoldsdorf (Wien 1884) 56.

[112]) Perchtoldsdorfer Bann- und Bergtaiding. In: Niederösterreichische Weistümer I: Das Viertel unter dem Wienerwald. Hrsg. Gustav Winter (Wien 1886) 586.

[113]) Lehmann, Reisefrüchte 59.– Der Wein wurde in den Kellern des Zechenhofes, der sich im Bereich der Liegenschaft Marktplatz Nr. 11 befand, gelagert. Zu die-

Salzburg und Oberbayern.[115]) Die Weingärten wurden von der Frauenzeche nicht in Eigenbewirtschaftung bestellt, sondern stets weiterverliehen.[116]) Im 14. Jahrhundert überwiegt die für den Beliehenen günstige Bedingungen bietende Verleihung zu Burgrecht. Es handelt sich hiebei um eine Form freier Erbleihe, bei welcher der Beliehene ein Grundstück gegen jährliche Entrichtung eines regelmäßig in Geld abzuführenden Burgrechtszinses bebauen konnte.[117]) Der Burgrechtszins, der zumeist zu *Martini* (11. November) an die Frauenzeche zu bezahlen war, bewegt sich bei den im Kopialbuch enthaltenen Urkunden zwischen 80 *Wr. d*[118]) und 13 ß *Wr. d.*[119]) Geriet der Beliehene mit der Zahlung des Burgrechtszinses in Verzug, so konnte der Obereigentümer des Weingartens, der Burgherr, wie er in den Quellen genannt wird, in unserm Fall also die Frauenzeche, vor dem grundherrlichen Gericht auf versessenes Burgrecht klagen.[120]) Eine solche Klage vollzog sich in der Form des sogenannten „Zwispild"-Verfahrens. Schon die erste Klage bewirkte eine Verdopplung des geschuldeten Betrages. Zahlte der Burgrechtszinspflichtige daraufhin den verdoppelten Betrag nicht, bewirkte eine zweite Klage, die nach vierzehn Tagen zu erfolgen hatte, einen weiteren Zuschlag in der Höhe des ursprünglichen Zinsrückstandes. Hatte nach mehrmaligem derartigen Verfahren der Schuldbetrag den Gesamtwert des belasteten Grundstückes erreicht, setzte der grundherrliche Richter den Burgherrn in den Besitz der betreffenden Liegenschaft.[121]) Dieser konnte dann dem Zahlungsunwilligen den Weingarten entziehen und einer anderen Person zur Nutzung übertragen.

Ein Abstiftungsrecht seitens des Obereigentümers ergab sich auch, wenn der Nutzungsberechtigte das ihm verliehene Gut nicht ordnungsgemäß bewirtschaftete und dadurch den Wert des Grundstückes schmälerte. So wird beispielsweise in einer am 24. November 1351 ausgestellten Urkunde[122]), welche die Verleihung eines ein Rechel großen Weingartens in der Winterhagenau an *Nyclas Wilbirger* aus Perchtoldsdorf durch die Frauenzeche beinhaltet, festgelegt: *Wer aber, waz wir oder unser erben oder swer den weingarten nach uns besiczet, nicht in gutem paw hieten, davon der dienst gechrencht wurd, daz er davon abgieng, so schol sich dann der zechmaister desselben weingarten wider underwintten und schol in* [...] *eynem andern mann lazzen.*[123])

Gegen Ende des 15. Jahrhunderts bediente sich die Frauenzeche bei der Vergabe ihrer Weingärten auch des sogenannten Teilbaurechtes. Bei dieser

---

sem Gebäude gehörte noch ein kleines Häuschen. Vgl. Petrin, Perchtoldsdorf 107.– Das Haus Marktplatz Nr. 11 dient dem Markt heute als Gemeindeamt.

[114]) Petrin, Perchtoldsdorf 108.

[115]) Petrin, Perchtoldsdorf 108.

[116]) Werner Ogris, Grundrente. In: Handwörterbuch für Rechtsgeschichte 1 (Berlin 1971) Spalte 1852f.

[117]) KB, *fol.* 43r–44r: Nr. 60, 1351 November 24.

[118]) KB, *fol.* 51r–52r: Nr. 71, 1351 Juli 21.

[119]) KB, *fol.* 43v–44r: Nr. 60, 1351 November 24; KB, *fol.* 51r–52r: Nr. 71, 1351 Juli 21.

[120]) Vgl. Petrin, Perchtoldsdorf 196f.

[121]) KB, *fol.* 43v–44r: Nr. 60.

[122]) KB, *fol.* 43v: Nr. 60.

Pachtform werden die Weingärten entweder auf Lebenszeit des Pächters oder auch für einen kürzeren Zeitraum gegen Entrichtung eines in Naturalien abzuführenden Zinses vergeben. Am häufigsten war wohl jene Form des Teilbaurechtes, bei welcher der Pächter ein Viertel des Ernteertrages an den Grundeigentümer abzuliefern hatte. Auffallend ist jedoch, daß in den Quellen selbst dann von Halbbaurechten die Rede ist, wenn die Pächter auch nur weniger als die Hälfte der Erträgnisse abzuliefern hatten.[124])

Abb. 8: Siegel der Frauenzeche; Stiftsarchiv Heiligenkreuz, Urkunde 1498 Oktober 9. – Photo: Margarete Magistris.

Diese kurze Charakteristik läßt deulich erkennen, daß das Teilbaurecht eine für den Pächter weniger vorteilhafte Nutzungsform war als das Burgrecht, das im 14. Jahrhundert dominierte. Ausschlaggebend für den teilweisen Übergang zu dieser Leiheform war aller Wahrscheinlichkeit nach der Umstand, daß während der kriegerischen Auseinandersetzungen zwischen Kaiser Friedrich III. und dem Ungarnkönig Matthias Corvinus in den siebziger und achtziger Jahren des 15. Jahrhunderts die Umgebung Perchtoldsdorfs[125]) und damit auch der Weingartenbesitz der Frauenzeche schwer in Mitleidenschaft gezogen worden war. Es dürfte demnach das Bemühen um Rekompensation der Verluste gewesen sein, das die Frauenzeche veranlaßte, härtere Bedingungen bei der Vergabe der Weingärten zu stellen.

Im Kopialbuch finden sich einige Viertelbaurechte aus dem Zeitraum von 1487–1500.[126]) Als Nutzungsinhaber scheinen vornehmlich auswärtige Pächter auf[127]); in zwei Fällen werden Perchtoldsdorfer Inwohner genannt.[128])

---

[123]) Petrin, Perchtoldsdorf 200.

[124]) Petrin, Perchtoldsdorf 19ff.

[125]) KB, *fol.* I^r–III^r: Nr. I, II, IV–VI, IX–XI.– Bis auf Nr. VIII sind alle Eintragungen durch Striche getilgt, was darauf schließen läßt, daß die Pachtverträge ihre Gültigkeit verloren haben.

[126]) KB, *fol.*I^v: Nr. IV, 1492: *Wolfgang Fleischaker aus dem Lempach* (Neu- oder Altlengbach); KB, *fol.* I^v: Nr. V, 1492: *Hanns Prosem* aus Leobersdorf; KB, *fol.* II^r: Nr. IX, 1495 September 27: *Caspar Saltzburger* aus Maria Enzersdorf.

[127]) KB, *fol.* II^r: Nr. X, 1496 Jänner 21: *Krystann Swanntner*, Inwohner bei *Mertt Mayrhoffer*; KB, *fol.* II^v: Nr. XI, 1500 Februar 11: *Jorg Kranner*, Mitwohner zu Perchtoldsdorf.

Neben dem Besitz von Liegenschaften und den Einnahmen aus Burgrechts- und Teilbaurechtszinsen vermochte die Frauenzeche auch aus den bereits besprochenen frommen Stiftungen, bei denen sie das Dotationsgut zu verwalten hatte, häufig finanziellen Nutzen zu ziehen.
Vor allem aber gelang der Frauenzeche durch den Kauf von Burgrechtsrenten erheblicher Vermögenserwerb. Unter Burgrechtsrente ist ein Geldgeschäft zu verstehen, bei dem ein Geldgeber, der Burgrechtsgläubiger, einem Geldnehmer, dem Burgrechtsschuldner, auf dessen Liegenschaft, bei der es sich in den meisten Fällen um ein Haus, manchmal auch um einen Weingarten handelt, eine gewisse Geldsumme gegen Erhalt einer jährlichen Rente zur Verfügung stellt. Als Sicherstellung diente die dem Schuldner gehörende Realität. Vom zinsbaren Darlehen unterscheidet sich die Burgrechtsrente im besonderen durch ihre Unablösbarkeit, d.h. sie war ursprünglich eine ewige, weder vom Burgrechtsgläubiger noch vom Burgrechtsschuldner kündbare Rente.[129]) Da die Ewigrente nicht unter das kanonische Zinsverbot fiel, finden sich vor allem kapitalkräftige geistliche oder halbgeistliche Institutionen, wie die Zechen, unter den Burgrechtsgläubigern. Als Burgrechtsschuldner kommen insbesondere die kapitalbedürftigen städtischen Bevölkerungsgruppen, vor allem Handwerker und Gewerbetreibende, in Betracht, welche die Kredite vornehmlich für Ausbesserungsarbeiten an ihren Liegenschaften in Anspruch nahmen.[130])
Im Verlauf der Entwicklung bildeten sich gewisse Ablöseformen bei den Burgrechtsrenten heraus. Anfänglich bestand nur die Möglichkeit der Übertragung der Rente auf eine andere gleichwertige Liegenschaft; in späterer Zeit konnten die Burgrechtsrenten durch vertraglich vereinbarte Rückzahlung der entliehenen Kapitalsumme abgelöst werden.[131]) Für Wien sah sich Herzog Rudolf IV. im Jahre 1360 genötigt, infolge der durch den häufigen Rentenkauf bedingten hohen Verschuldung des Wiener Hausbesitzes den Burgrechtsschuldnern die Möglichkeit einzuräumen, die bis dahin ewigen Burgrechtsrenten gegen den Willen der Gläubiger im Verhältnis 1 : 8 abzulösen.[132])
In Perchtoldsdorf war es vor allem die Frauenzeche, die Burgrechtsrentenverträge abschloß. So ist während des 15. Jahrhunderts in den ab 1431 bzw. ab 1453 geführten zwei ältesten landesfürstlichen Perchtoldsdorfer Grundbüchern vornehmlich die Zeche als Burgrechtsgläubigerin ausgewiesen.[133]) Es ist dies ein Indiz dafür, daß fast nur die Frauenzeche über

---

[128]) Czeike, Burgrecht 115f.

[129]) Czeike, Burgrecht 116 u 136f.; Ogris, Grundrente, Sp. 1853; Winfried Trusen, Zum Rentenkauf im Spätmittelalter. In: Festschrift für Hermann Heimpel 2 = Veröffentlichungen des Max Planck-Instituts für Geschichte 36/II (Göttingen 1972) 141 u. 146.

[130]) Czeike, Burgrecht 115; Ogris, Grundrente, Sp. 1855.

[131]) Czeike, Burgrecht 116f; Ogris, Grundrente, Sp. 1855.

[132]) Heinrich Demelius, Erhart Haidem, Richter zu Perchtoldsdorf bei Wien, und die landesfürstlichen Grundbücher 1431–1523. Ein Beitrag zur österreichischen Privatrechtsgeschichte des Spätmittelalters = Sitzungsberichte der österreichischen Akademie der Wissenschaften. Philosophisch-historische Klasse 293, 1.Abhandlung (Wien 1974) 118.

die für den Rentenkauf erforderlichen finanziellen Mittel verfügte. Bei den im Kopialbuch eingetragenen Urkunden finden sich häufig in Perchtoldsdorf[134]) selbst oder in der näheren Umgebung des Ortes ansässige Personen[135]) als Burgrechtsschuldner verzeichnet. Von den Schuldnern, deren soziale Stellung aus den Urkunden des Kopialbuches hervorgeht, sind zwei als Perchtoldsdorfer Handwerker[136]) und einer als Wiener Bürger[137]) bezeichnet. Ebenso wie im benachbarten Wien gab auch in Perchtoldsdorf der Grundherr des Schuldners durch Besiegelung der Urkunde sein Einverständnis zum Abschluß des Burgrechtsrentenvertrages. Eine Haftungsverpflichtung seitens der Grundherrschaft wurde damit jedoch nicht begründet.[138])
Die Burgrechtsrente lastete in der überwiegenden Mehrzahl der Fälle auf dem Haus des Schuldners, nur selten auf Weingartenbesitz.[139]) Die von der Frauenzeche vergebenen Burgrechtsdarlehen bewegten sich zumeist in der Höhe von 10 bis 20 *tl Wr. d*; ausnahmsweise finden sich Darlehenssummen von 30 *tl Wr. d.*[140]) Das Burgrechtsdarlehen und die vom Schuldner jährlich fast ausschließlich am Sankt Martinstag (11. November) zu bezahlende Burgrechtsrente standen zumeist in einem Verhältnis von 10 : 1 (= Zinssatz von 10 %) zueinander. Vereinzelt kommen auch niedrigere Zinssätze von 8,3 %[141]) oder gar nur 6,6 %[142]) vor. Bei den im Kopialbuch enthaltenen Urkunden wird dem Burgrechtsschuldner stets das Recht der Burgrechtsablöse eingeräumt, ewige Burgrechte finden sich keine. Die häufigste Ablösemöglichkeit bestand in der Rückzahlung des geliehenen Kapitals zuzüglich des nächsten Dienstes, d.h. der einmal im Jahr fälligen Burgrechtsrente. Als Beispiel für eine derartige Ablöse sei das Burgrecht des *Hanns Cherner* aus Brunn und seiner Gemahlin *Kathrey* vom 19. November

---

[133]) *Elspet Schell* und ihre Söhne *Hanns*, *Jorig* und *Nyklas*: KB, *fol.* 34v–35r: Nr. 49, 1397 August 6; *Ulreich Lewtwein* und seine Ehefrau *Kathrey*: KB, *fol.* 35r–36r: Nr. 50, 1414 April 21; *Philipp der Futpekch* und seine Ehefrau *Anna*: KB, *fol.* 74v–75v: Nr. 100, 1399 Dezember 8.

[134]) *Mert der Smid* aus Rodaun und seine Gattin *Gedraut*: KB, *fol.* 61r–62r: Nr. 84, 1355 Februar 3; *Dyetreich der Eczenvellder*, Bürger zu Wien, und seine Gattin *Margret*: KB, *fol.* 26v–27v: Nr. 40, 1406 Jänner 21.

[135]) *Hanns der Humel*, Fleischhauer zu Perchtoldsdorf: KB, *fol.* 36r–37r: Nr. 51, 1415 Dezember 4; *Dyettreich Findensin*, Perchtoldsdorfer Schneider: KB, *fol.* 62r–63r: Nr. 85, 1391 April 1.

[136]) *Dyettreich der Eczenvellder*, Bürger zu Wien: KB, *fol.* 26v–27v: Nr. 40, 1406 Jänner 21.

[137]) Czeike, Burgrecht 123.

[138]) Vgl. z.B.: KB, *fol.* 30r–31r: Nr. 44, 1399 Dezember 22: *Niclas der Reteich* aus Perchtoldsdorf und seine Ehefrau *Elzzpet* verkaufen 1 *tl Wr. d* Burgrecht auf ihrem Weingarten in der Peunt; KB, *fol.* 74v–75v: Nr. 100, 1399 Dezember 8: Burgrecht des *Philipp des Futpekch* aus Perchtoldsdorf und seiner Gemahlin *Anna* auf ihrem Weingarten unterhalb der Soß.

[139]) KB, *fol.* 26v–27v: Nr. 40, 1406 Jänner 21: Burgrecht des Wiener Bürgers *Dyettreich des Eczenvellder* und seiner Gattin *Margret*; KB, *fol.* 31v–32v: Nr. 46, 1399 Dezember 4: Burgrecht des *Janns Pawr* aus Perchtoldsdorf und seiner Ehefrau *Kathrey*.

[140]) KB, *fol.* 44r–44v: Nr. 61, 1376 Juli 22.

[141]) KB, *fol.* 26v–27v: Nr. 40, 1406 Jänner 21.

1423 angeführt.[143]) Das Ehepaar, das 2 *tl Wr. d* Burgrecht auf seinem Haus in Brunn samt Zubehör um 20 *tl Wr. d* an die Frauenzeche verkauft hat, soll künftig jederzeit [...] *vollen gevalt und recht* [...] *haben*, [...] *daz obgenant purkchrecht wider abzelosen und abczechauffen* [...] *umb zwainczikch phunt Wienner phennig und den nachsten dienst* [...].[144]) Eine seltener gebrauchte Ablösemöglichkeit stellte die Übertragung des Burgrechts auf eine andere, gleichwertige Liegenschaft dar. So kann das Ehepaar *Mert* und *Gedraut Smid* aus Rodaun [...] *daz vorgenant purchrecht ablosen* [...] *auf ain ander erbe, da ez der vorgenanten unser frawn zeche alz wol gelegen sey alz an dem vorgenanten* [...] *weingarten* [...].[145]) Manchmal werden dem Schuldner auch beide angeführten Ablösemöglichkeiten in kombinierter Form eingeräumt; in diesem Fall kann das Burgrecht entweder durch Erlegung der ursprünglichen Kaufsumme zuzüglich der nächsten Rentenzahlung oder durch Übertragung auf eine andere geeignete Realität abgelöst werden. So heißt es in dem am 21. Jänner 1406 zwischen der Frauenzeche als Gläubigerin und dem Wiener Bürger *Dyetreich Eczenvellder* und seiner Ehefrau *Margret* als Schuldnern abgeschlossenen Burgrechtsvertrag: *Wir haben auch vollen gewalt und recht die vorgenanten zway phunt gelts wider abzelesen* [...] *mit dreyssikch phunt Wienner phennigen oder mit aynem erib, daz woll dreyssikch phunt Wienner phennig wert ist* [...].[146])
Geriet der Burgrechtsschuldner mit der Rentenzahlung in Verzug, so stand dem Gläubiger, in unserem Fall also der Frauenzeche, das Zwispildverfahren als Exekutionsrecht vor dem grundherrlichen Gericht offen.[147]) In den Urkunden findet die Androhung des Zwispildverfahrens stets ihren Ausdruck in der Formel: *Und wenn der dienst versessen wirt, so ist denn auf das vorgenant haws* (oder *weingarten*) *und auf all sein zugehorung vor dem amptman oder seinem anwalt ze vragen ze vierczehen tegen und zwispil darauf ze haben, alz umb versessens purchrechts recht ist* [...].
Aufgrund des aus dem Besitz von Liegenschaften, dem Erhalt von Grund- und Burgrechtszinsen und den Rentenkauf resultierenden Vermögenskomplexes war die Frauenzeche im Spätmittelalter eine der wohlhabendsten Institutionen in Perchtoldsdorf.[148]) Den beträchtlichen Einnahmen standen aber auch erhebliche Ausgaben gegenüber. Zunächst mußte die Frauenzeche von ihrem Realitätenbesitz Zinse an die verschiedenen Grundherrschaften entrichten. Vor allem aber erwuchs der Bruderschaft aus der Verwaltung der zahlreichen frommen Stiftungen kein geringer finanzieller Aufwand. So mußte die Frauenzeche nicht nur für die Ausgestaltung der vielen Seelenmessen durch Bereitstellung von Kirchenbe-

---

[142]) KB, *fol.* 24^{v}–25^{v}: Nr. 38.

[143]) KB, *fol.* 25^{r}: Nr. 38; weitere Beispiele: KB, *fol.* 25^{v}–26^{v}: Nr. 39, 1423 November 19; KB, *fol.* 34^{v}–35^{r}: Nr. 49, 1397 August 6; KB, *fol.* 36^{r}–37^{r}: Nr. 51, 1415 Dezember 4.

[144]) KB, *fol.* 61^{v}–62^{r}: Nr. 84, 1355 Februar 3; die Urkunde ist durchgestrichen, was auf erfolgte Ablösung hindeutet.– Auch Ablösung durch Kauf gleichwertiger Burgrechtsrenten kommt vor: KB, *fol.* 39^{v}–40^{v}: Nr. 55, 1344 Mai 12.

[145]) KB, *fol.* 27^{r}: Nr. 40.

[146]) Demelius, Erhart Haidem 131; Czeike, Burgrecht 133; vgl. auch Üf. der vorliegenden Arbeit.

[147]) Petrin, Perchtoldsdorf 108; dies., Geschichte Perchtoldsdorf 67.

leuchtung und verschiedenen Paramenten Sorge tragen, sondern auch die Bezahlung der Pfarrgeistlichkeit und des sonstigen Pfarrpersonals, wie Schulmeister, Organisten und Mesner, übernehmen.[149])

1.2.6. Neuzeitliche Entwicklung bis zur Auflösung der Frauenzeche im Jahre 1783

Stellten das 14. und 15. Jahrhundert für die Perchtoldsdorfer Bruderschaften im allgemeinen und für die Frauenzeche im besonderen eine Blütezeit ihrer Entwicklung dar, so brachte das Türkenjahr 1529 für die Zechen des Marktes einen schweren Rückschlag. Durch die von König Ferdinand I. in diesem Jahr verfügte Einhebung der Steuer des vierten Teiles geistlicher Güter zum Zweck der Finanzierung der Türkenabwehr erfuhr der Besitz der Zechen empfindliche Einbußen.[150]) Zwei der Perchtoldsdorfer Bruderschaften, nämlich die Allerseelenzeche und die Sankt Jakobsbruderschaft, konnten die Reduktion ihres Besitzes nicht verkraften: ihr verbliebenes Vermögen wurde schließlich durch einen Erlaß Ferdinands I. vom Jahre 1548 dem Perchtoldsdorfer Spital Sankt Elisabeth übereignet.[151]) Die Frauenzeche und die anderen Bruderschaften des Ortes überdauerten die Krisenzeit des Türkenkrieges von 1529, der Reformation und ebenso den für Perchtoldsdorf verheerenden Türkeneinfall des Jahres 1683 und verzeichneten im 18. Jahrhundert bis zur josephinischen Ära noch einmal einen Aufschwung.[152])
Erst das Zeitalter der Maria-Theresianischen und Josephinischen Reformen setzte der Institution der Frauenzeche ein Ende. Nachdem bereits Maria Theresia im Jahre 1771 die Gründung religiöser Bruderschaften von der landesfürstlichen Bewilligung abhängig gemacht hatte, hob ein Hofdekret Kaiser Josephs II. vom 27. November 1783 alle geistlichen Bruderschaften auf. Dies bedeutete auch das Ende der Perchtoldsdorfer Frauenzeche, deren Vermögen, ebenso wie das der anderen Bruderschaften, zur Hälfte der für die öffentliche Armenpflege gegründeten *Bruderschaft der thätigen Nächstenliebe in bezug auf die hilflosen Armen* zugeführt wurde.[153])

---

[148]) Petrin, Perchtoldsdorf 108; dies., Geschichte Perchtoldsdorf 67; Latschka, Perchtoldsdorf 56ff; vgl. die im Regesten- und Editionsteil der Arbeit wiedergegebene Aufstellung der Ausgaben der Frauenzeche für Pfarrgeistlichkeit und Pfarrpersonal: KB, *fol.* 87^{v}–88^{r}.

[149]) Friedrich Walter, Die Steuer des vierten Teiles geistlicher Güter in Niederösterreich (1529). In: Abhandlungen zur Geschichte und Quellenkunde der Stadt Wien 4 (1932) 183 (Anm. 7).

[150]) Petrin, Perchtoldsdorf 111; dies., Geschichte Perchtoldsdorf 68.

[151]) Petrin, Geschichte Perchtoldsdorf 68; nach Gertrude Ostrawsky, Geschichte des Marktes Perchtoldsdorf 2: 1683–1983 (Perchtoldsdorf 1983) 42, verfügte die Frauenzeche im 18. Jahrhundert nach dem Perchtoldsdorfer Spital über den größten Besitz im Markt.

[152]) Ostrawsky, Geschichte 42; Hannes Stekl, Soziale Sicherung und soziale Kontrolle: Zur österreichischen Armengesetzgebung des 18. und 19. Jahrhunderts. In: Bericht über den 14. österreichischen Historikertag in Wien veranstaltet vom Verband österreichischer Geschichtsvereine in der Zeit vom 3.–7. April 1978 = Veröffentlichung des Verbandes österreichischer Geschichtsvereine 22 (Wien 1979) 141 u. 143.

2. Das Kopialbuch der Perchtoldsdorfer Frauenzeche

2.1. Archivgeschichte des Kopialbuches[154])

Das Kopialbuch der Frauenzeche, das sich in früherer Zeit im Perchtoldsdorfer Marktarchiv befunden hatte, gelangte aus bisher nicht völlig geklärten Gründen in den Besitz des Direktors der Hofbibliothek *Ernst Birk*, aus dessen Nachlaß es vom Niederösterreichischen Landesarchiv im Jahre 1891 käuflich erworben wurde. Heute wird der Codex mit der Archivnummer *411* im Ständischen Archiv des Niederösterreichischen Landesarchivs in Wien I., Teinfaltstraße 8, aufbewahrt. Die Handschrift enthält hauptsächlich Abschriften von Urkunden aus dem Zeitraum von 1318 bis 1423, deren Empfänger zumeist die Perchtoldsdorfer Frauenzeche ist und deren Originale fast vollständig in Verlust geraten sind.

2.2. Äußere Beschreibung der Handschrift

Der Codex befindet sich in einem relativ guten Erhaltungszustand, sodaß archivarische Restaurierungsmaßnahmen noch nicht vonnöten waren.

Format:

300 x 220 x 30 mm.

Einband:[155])

Der Einband besteht aus zwei Holzdeckeln, die mit blaugefärbtem Leder bespannt sind. Sowohl auf dem Vorder- als auch auf dem Hinterdeckel wurde das Leder durch Inneneinschlag fixiert. Während der Vorderdeckel schmucklos ist, weist der Hinterdeckel Verzierungen in Form eines rautenförmigen Musters auf, welche mit Blindlinierungstechnik in das Leder eingeritzt wurden. Vermutlich bediente man sich bei der Herstellung des Einbandes einer Rolle, wie aus der Regelmäßigkeit der Linien ersichtlich ist. Vorder- und Rückseite des Codex sind mit kleinen Messingbuckeln verziert, von denen sich einige bereits abgelöst haben. Daß der Codex früher verschließbar war, ist noch an den Abdrücken der Halterungen der Metallschließen, die angebracht gewesen waren, erkennbar.
Der Buchrücken ist als sogenannter glatter Rücken zu bezeichnen, weil er sich beim Aufschlagen des Buches nicht nach außen wölbt und sich nicht vom Rücken des Buchblockes abhebt. Die Heftung erfolgte durch vier echte Bünde, welche die Lagen des Buchblockes miteinander verbinden und auch zur Befestigung des Einbandes am Buchblock dienen. Mit größter Wahr-

---

[153]) Silvia Petrin u. Rudolf Steuer, Archiv der Marktgemeinde Perchtoldsdorf. Inventar (Perchtoldsdorf 1980) 4f.

[154]) Die Bestimmung des Einbandes wurde anhand der Arbeit von Hellmuth Helwig, Einführung in die Einbandkunde (Stuttgart 1970), durchgeführt.

scheinlichkeit dürfte es sich dabei um Doppelbünde handeln. Am oberen und unteren Ende wird der Buchrücken von Kapitalen abgeschlossen.

Lagen:

Eine Bestimmung der Lagen konnte nicht durchgeführt werden, da der Codex eine äußerst feste Bindung aufweist.

Buchblock:

Das Format des Buchblockes beträgt 298 x 220 mm. Die gleichmäßig starken Blätter sind aus Papier.

Foliierung:

Die ersten 10 Blätter, die als Vorsatz zum Schutz der folgenden Seiten gedacht waren, blieben ursprünglich ohne Foliierung. Erst in neuerer Zeit erfolgte eine Blattnumerierung mit römischen Ziffern mittels Bleistiftes. Von diesen 10 Blättern sind lediglich *folio* I^r bis II^r beschrieben, während der Rest nicht mehr für Eintragungen verwendet wurde und damit leer blieb.
Auf diese Blätter folgt der Hauptteil der Handschrift, der eine alte Foliierung mit arabischen Ziffern von *1* bis *90* aufweist, wobei die Blätter 88^v bis 89^v unbeschrieben sind. Die Foliierung endet schließlich mit der Nummer *90* auf der Innenseite des Hinterdeckels.

Wasserzeichen

Die Blätter des Codex zeigen Wasserzeichen (springender Hirsch ohne Hinterleib), die für die Zeit von 1425 bis 1429 belegt sind.[156])

Linierung:

Die beschriebenen Blätter sind jeweils mit einem sog. Kasten versehen, der mit Tinte gezogen wurde. Hingegen ist eine Zeilenlinierung nicht durchgeführt worden.

Schreibstoff:

Als Schreibstoff wurde durchwegs Tinte in unterschiedlichen Brauntönen verwendet.

---

[155]) Vgl. Wasserzeichen Hirsch. Bearb. Gerhard Piccard = Die Wasserzeichenkartei Piccard im Hauptstaatsarchiv Stuttgart. Findbuch XV: Wasserzeichen Vierfüßler, Teil 1: Hirsch (Stuttgart 1987) 106, III, Nr. 428, 429. – Nachgewiesen in Lucca, Pisa und Königsberg/Preußen. Die beiden Abbildungen bei Piccard zeigen lediglich Varianten des in KB vorhandenen Wasserzeichens. Dieses Papier kommt aus Ober- bzw. Mittelitalien.

2.3. Innerer Aufbau der Handschrift

Anlagezweck:

Die Anlage des Codex erfolgte zum Zweck der Kopierung von Urkunden, welche die Frauenzeche betreffen. Auffällig ist der Umstand, daß die eingetragenen Urkunden weder in chronologischer noch in topographischer Ordnung verzeichnet sind. Auch eine ansonsten häufig vorkommende Reihung nach Dignitäten ist nicht erkennbar. Daraus kann geschlossen werden, daß das Kopialbuch nicht einer besseren Übersichtlichkeit über die Urkunden dienen sollte, sondern lediglich den Zweck verfolgte, die Originale, im vorliegenden Fall vor allem Stiftungen, vor eventuellem Verlust zu sichern.

Art der Anlage:

Das Kopialbuch weist einen heterogenen Aufbau auf. Der Hauptteil wurde von einem einzigen Schreiber in einem Zug eingetragen. Dieser Hauptteil umfaßt Urkunden, die zumeist fromme Stiftungen enthalten, deren Verwaltung der Frauenzeche obliegt, oder Übertragungen von Burgrechtsrenten an die Frauenzeche. Bei den Urkundenausstellern handelt es sich überwiegend um Privatpersonen, während Urkunden der Habsburgerherzöge nur selten vertreten sind.

Urkundenformular:

Bei genauerer Durchsicht der Urkunden hinsichtlich ihres Formelbestandes fallen stets wiederkehrende Urkundenteile auf. Am Beginn steht immer die Nennung des Ausstellers und seiner Ehegattin.
Danach folgt eine Verkündigungsformel, die sog. *Publicatio*, die regelmäßig lautet: *Wir vergehen und tun chund offenleich mit dem prief, daz* [...] oder *Wir vergehen und tun chund allen den, di disen prief sehent oder horent lesen*. An die *Publicatio* schließt eine Feststellung der Rechtssicherheit des Schenkungsvorganges an. Der Aussteller gibt darin zu erkennen, daß er zum Zeitpunkt des Abschlusses des Rechtsgeschäftes voll zurechnungsfähig war: *zu der zeit, do wir es mit recht wol getun mugen*.
Hierauf folgt die Nennung der Zustimmung des Grundherrn oder seines Vertreters zum vorliegenden Rechtsgeschäft: *mit des erbern mans hant N. N.*
Den Hauptteil aller Urkunden bildet eine umfangreiche und detaillierte *Dispositio*, in welcher der rechtliche Inhalt der Urkunde wiedergegeben wird. Dabei werden jeweils der Vertragspartner des Rechtsgeschäftes, zumeist also die Frauenzeche, hierauf das gestiftete Gut samt den von diesem zu leistenden Abgaben bzw. Geldbeträge, die oft als Burgrechtsrenten auf Grundstücken lasten, angeführt.
Im Anschluß daran garantiert der Aussteller dem Empfänger die rechtliche Unbedenklichkeit des Schenkungsgutes bzw. -vermögens. Damit wird dem Empfänger versichert, daß sich das Schenkungsobjekt auf jeden Fall zum Zeitpunkt der Tradierung im Besitz des Ausstellers befunden hat oder jedenfalls nicht belastet ist. Bei dieser Formel handelt es sich um die in

deutschsprachigen Urkunden häufig auftretende Gewährschaftsformel: *Wir sein auch dem N. N. recht gewern und scherm fur alle ansprach* [...].[157]) Den nächsten Formularteil bildet die Ankündigung der Beglaubigungsmittel, die *Corroboratio*. Bei den im Kopialbuch eingetragenen Urkunden existieren zwei Varianten: Einerseits kündigt der Aussteller sein eigenes Siegel an, worauf er die Bitte um Mitbesiegelung durch Dritte folgen läßt. In anderen Fällen folgt lediglich diese Bitte, da der Aussteller nicht im Besitz eines eigenen Siegels ist. Bei diesen Personen, an die sich die Urkundenaussteller mit ihrer Bitte um Besiegelung wenden, handelt es sich in den meisten Fällen um Honoratioren oder zumindest um Angehörige der gesellschaftlichen Oberschicht des Marktes.[158]) Die fremden Siegler haften dabei nicht für das Rechtsgeschäft an sich bzw. für Versäumnisse des Ausstellers, sondern bezeugen lediglich die Richtigkeit des Urkundeninhaltes und die Rechtmäßigkeit der Besiegelung.[159]) Daß von den Sieglern in fremder Sache keine Haftung übernommen wird, geht aus der Formel *in und iren erben an schaden* hervor.
Den Abschluß der Urkunden bildet das Datum. In der Mehrzahl der Fälle erfolgt keine Nennung eines Ausstellungsortes. Die Urkunden des Hauptteiles weisen eine für deutschsprachige Urkunden kennzeichnende ausführliche Datierung auf. Es wird in diesem Fall die vollständige Jahreszahl in deutscher Sprache wiedergegeben, an die sich die Datierung nach dem Festkalender anschließt. Bei den Eintragungen[130]) auf den ersten drei Blättern des Codex sowie auf den *Blättern 86*^v und *87*^r ist häufig das Fehlen der Jahrhundertangabe und zumeist auch der Tagesbezeichnung auffallend. Es wird in der Regel nur die Jahreszahl entweder in arabischen Ziffern, in römischen Ziffern oder in lateinischer Sprache angegeben.
Bemerkenswert ist auch die Übernahme der Kanzleivermerke von den Originalen der Herzogsurkunden in das Kopialbuch, was vermutlich der Erhöhung des Authentizitätsgrades dieser Stücke dienen sollte.

Gliederung des Codex:

Der Zeitraum der Urkunden des Hauptteiles[161]) erstreckt sich vom 12. Mai 1318 bis zum 19. November 1423. An diesen Urkundenhauptteil schließen fünf Urkunden aus dem Jahre 1439 an, bei denen die chronologische Abfolge wie beim vorangegangenen Teil nicht eingehalten wurde.[162]) Hierauf

---

[156]) KB, *fol.* 41^v: Nr. 57.
[157]) Vgl. z.B *Wernhart der Rattgeb*, Perchtoldsdorfer Ratsbürger: KB, *fol.* 18^v: Nr. 27; *Niclas der Turnkchart*, Bürger zu Perchtoldsdorf: KB, *fol.* 24^v: Nr. 37; *Larencz der Scharrer*, Marktrichter zu Perchtoldsdorf, *Rueger der Waldner*, Bürger zu Perchtoldsdorf: KB, *fol.* 28^v: Nr. 41; *Hainreich der Wurmprant*, Pfarrer von Perchtoldsdorf, *Ruedolf* aus Perchtoldsdorf, Sohn *Hainreichs* des alten Richters: KB, *fol.* 62^r: Nr. 84.
[158]) Oswald Redlich, Die Privaturkunden des Mittelalters (München/Berlin 1911) 119.
[159]) Diese Eintragungen werden in der vorliegenden Arbeit mit I–XV bezeichnet.
[160]) KB, *fol.* 1^r–75^v: Nr. 1–100.
[161]) KB, *fol.* 76^r–81^v: Nr. 101–105.

folgt eine Urkunde aus dem Jahr 1419, die Meßstiftung des Perchtoldsdorfer Pfarrers *Hans Voitsperger*, deren Rechtsinhalt in der folgenden Urkunde von 1444[163]) modifiziert wird. Daran schließen zwei grundbücherliche Eintragungen[164]) aus den Jahren 1476 und 1497 an, bei denen es sich ebenfalls um Abschriften handelt. Den Abschluß der Handschrift bildet eine wahrscheinlich direkt eingetragene Rechnung aus dem Jahre 1519[165]) über die jährlichen Ausgaben der Frauenzeche.
Die ersten drei Blätter[166]) enthalten grundbücherliche Eintragungen aus dem Zeitraum von 1487 bis 1502. Dabei handelt es sich in den meisten Fällen um Teilbaurechte, die in beinahe chronologischer Reihenfolge mit abschließender namentlicher Nennung des jeweiligen Zechmeisters der Frauenzeche eingetragen worden sind. Diese Namensnennung stellt aber keine eigenhändige Unterschrift des Zechmeisters dar, sondern bedeutet lediglich den Vollzug des Rechtsgeschäftes durch den Zechmeister. Aufgrund der sprachlichen Gestaltung, die vor allem durch zahlreiche Ellipsen gekennzeichnet ist, und aus der Tatsache, daß derselbe Schreiber, der die Eintragungen vornahm, diese auch nachträglich erweiterte, könnte man auf Direkteintragungen schließen. Da jedoch die chronologische Reihenfolge in einem Fall nicht eingehalten wurde[167]), könnte man auch zu dem Schluß kommen, daß die Eintragungen vor der Niederschrift in das Kopialbuch bereits in Konzeptform vorlagen.

Datierung der Handschrift:

Für den Zeitpunkt der Anlage des Codex ist als *Terminus post quem* der 19. November 1423 festzusetzen, also jenes Datum, an dem die letzte Urkunde, die von der *Haupthand* eingetragen wurde, zur Ausstellung gelangte.
Die Eintragungen der nächsten beiden Schreiber[168]) dürften in zeitlicher Nähe zu den Originalstücken liegen. Dies läßt sich anhand eines Schriftvergleiches mit Urkunden bzw. den beiden Zechenbüchern[169]), die sich im Marktarchiv Perchtoldsdorf befinden, feststellen. Dabei stellte sich heraus, daß *Schreiber 2* in der Zeit von 1426[170]) bis 1442[171]) tätig war. Man kann daher den *Terminus ante quem* der Eintragungen der Haupthand und damit der Entstehungszeit des Codex mit einiger Sicherheit auf den Zeitraum um 1439, zumindest aber mit 1442 festsetzen. Aus der Feststellung, daß sich nach 1442 keine schriftlichen Zeugnisse für die Tätigkeit von *Schreiber 2* finden ließen, ist auch der *Terminus ante quem* der Ein-

---

162) KB, *fol.* 82r–83v: Nr. 106.
163) KB, *fol.* 84r–86r: Nr. 107.
164) KB, *fol.* 87v-88r.
165) KB, *fol.* 86 v–87r: Nr. XIV–XV.
166) KB, *fol.* Iv: Nr. III.
167) *Schreiber 2*: KB, *fol.* 76r–83v: Nr. 101–106; *Schreiber 3*: siehe Anm. 10.
168) AMP Urk. Nr. 25 (1426 Nov. 2), Nr. 26 (1428 Nov. 5), Nr. 28 (1436 März 29), Nr. 29 (1439 Jan. 17); Zechenbücher: AMP B-142-1a und B-142-1b.
169) AMP Urk. Nr. 25.
170) AMP B-142-1a, *fol.* 9v.

tragungen von *Schreiber 2* mit 1442 anzunehmen. *Schreiber 3* übte von 1438[172]) bis 1444[173]) seine Funktion aus, woraus sich auch bei seiner Eintragung in das Kopialbuch eine ungefähre zeitliche Eingrenzung auf den Zeitraum um 1444 ergibt.
In ähnlicher Weise verhält es sich mit den übrigen Eintragungen der Handschrift. Auch sie dürften nicht allzu lange nach Ausstellung der Originale abgeschrieben worden sein.
Zuletzt wurde im Jahre 1519 die Rechnung über die Ausgaben der Frauenzeche in den Codex eingetragen.[174]) Diese Rechnung wurde vermutlich direkt geschrieben, wie aus dem eher flüchtig erstellten Schriftbild zu erkennen ist; sie ist nicht der Kastenlinierung angepaßt und wurde nachträglich von derselben Hand korrigiert.

2.4. Die Schreiber des Kopialbuches

Die Gestaltung des Codex durch die Schreiber:

Bei den Initialen ist vor allem die *I*-Initiale vorherrschend. Sie befindet sich stets außerhalb der Kastenlinierung und erstreckt sich über mehrere Zeilen. In den meisten Fällen weist sie zoomorphe Verzierungen, besonders in Form von Schlangenabbildungen auf. Daneben existiert auch noch die *W*-Initiale, die sich bei den Herrscherurkunden findet; sie ist kleiner gestaltet, geht lediglich in die Oberlänge, ist innerhalb des Kastens plaziert und weist kaum bemerkenswerte Verzierungen auf.
Die Zeilenabstände innerhalb der Kastenlinierung sind sehr gering bemessen, was auf die Intention der Schreiber schließen läßt, Platz zu sparen. Die Zwischenräume zwischen den einzelnen Urkunden sind ziemlich regelmäßig gestaltet. Die ersten Zeilen der Urkunden bzw. die Seitenanfänge sind oft in verlängerter Schrift geschrieben.
Kürzungen kommen primär als waagrechter Strich über der Zeile für *e* vor *n* und *m* und Haken für *-er* vor. Häufig findet sich vor allem beim Ortsnamen Perchtoldsdorf ein *P* für *Per*, das an der Schaftunterlänge einen waagrechten Strich hat.

Schreiber 1 (Haupthand)

Schreiber 1, der die Urkunden 1–100 in dunkelbrauner Tinte eingetragen hat, schreibt in gotischer Kursive, die einen etwas gehobeneren Stilisierungsgrad aufweist. Der Duktus der Schrift, die im Verhältnis zum dominanten Mittelband keine ausgeprägten Ober- und Unterlängen aufweist, ist aufrecht. Im allgemeinen Schriftbild überwiegen eindeutig die Schattenstriche, nur bei den An- und Abstrichen kommen vereinzelt Haarstriche vor, wodurch insgesamt der Eindruck einer kontrastarmen Schrift vermittelt wird. Der geringe Zeilenabstand bewirkt, daß die Ober- und Un-

---

171) AMP B-142-1a, *fol.* 34r–34v.
172) AMP B-142-1a, *fol.* 59r–60v.
173) KB, *fol.* 87v–88r.

terlängen übereinanderstehender Zeilen ineinander übergreifen, was nach Walter Heinemeyer ein typisches Kennzeichen spätmittelalterlicher Schriften ist.[175]) Die Schrift weist nur wenige Brechungen auf. Von den Ligaturen tritt vorwiegend die *st*-Ligatur auf.

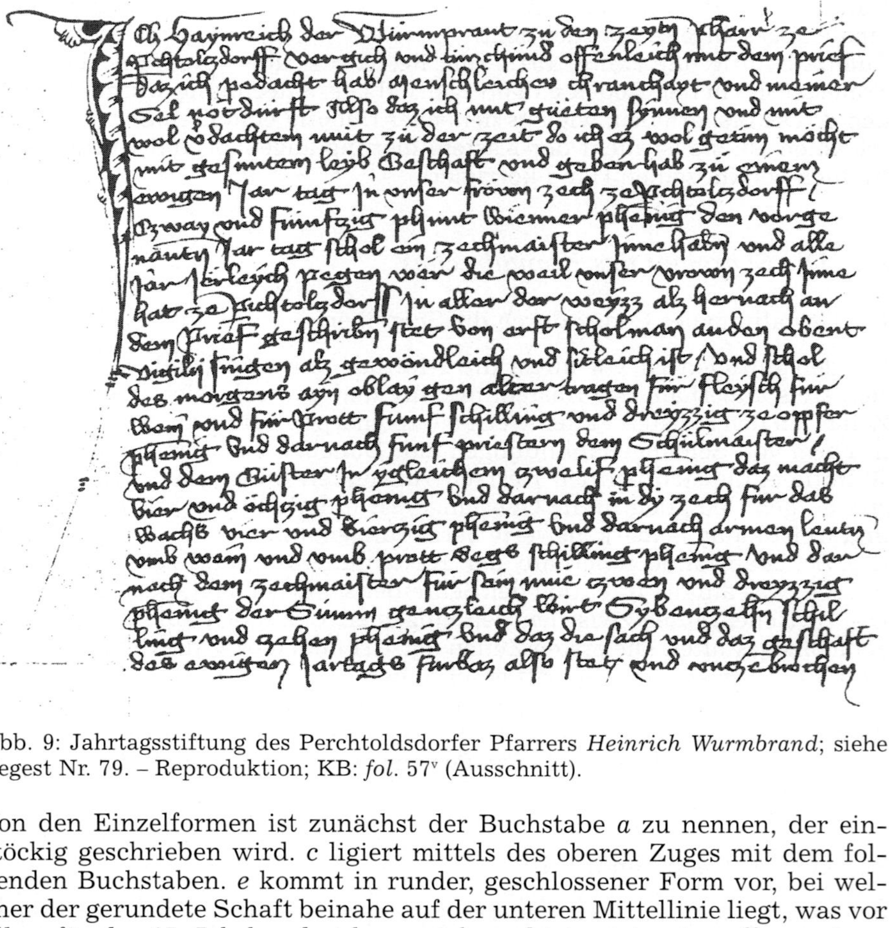

Abb. 9: Jahrtagsstiftung des Perchtoldsdorfer Pfarrers *Heinrich Wurmbrand*; siehe Regest Nr. 79. – Reproduktion; KB: *fol.* 57v (Ausschnitt).

Von den Einzelformen ist zunächst der Buchstabe *a* zu nennen, der einstöckig geschrieben wird. *c* ligiert mittels des oberen Zuges mit dem folgenden Buchstaben. *e* kommt in runder, geschlossener Form vor, bei welcher der gerundete Schaft beinahe auf der unteren Mittellinie liegt, was vor allem für das 15. Jahrhundert kennzeichnend ist. *g* ist unten offen und am Kopf geschlossen. Der Schaft geht gerade in die Unterlänge, schwingt dort leicht nach rechts, um dann scharf nach links in einen waagrechten Strich abzubiegen. Weiters geht der Schaft am oberen Ende etwas über den Buchstabenkopf hinaus. Durch einen Strich rechts vom Kopfende wird eine Verbindung mit dem nachfolgenden Buchstaben hergestellt. *i* ist mit einfachen *i*-Strichen, etwas seltener mit *i*-Punkten versehen. Bei *m* und *n* wird der letzte Schaft am Wortende leicht in die Unterlänge gezogen,

---

174) Walter Heinemeyer, Studien zur Geschichte der gotischen Urkundenschrift (Köln/Graz 1962) 134f.

ebenso die Kralle bei *h*, das aus diesem Grund mit den nachfolgenden Buchstaben keine Ligaturen eingeht. Der Schaft des *p* läuft in der Unterlänge spitz aus. Das gespaltene *r* ist noch ein typisches Kennzeichen des 14. Jahrhunderts, das erst in der zweiten Hälfte des 15. Jahrhunderts neuen Schreibformen dieses Buchstabens weicht.[176]) *s* weist die für das 14. und 15. Jahrhundert typischen Doppelformen eines runden Schluß-*s* bzw. eines langen *s* im Wortinneren auf. Letzteres ist ebenso wie *f* durch stärkere, in der Unterlänge stumpf abschließende Schäfte gekennzeichnet. *u* bzw. *v* kommen sowohl als spitzes als auch rundes *u* vor.[177]) Am Wortbeginn tritt immer das bereits erwähnte spitze *u* bzw. *v* auf, das entweder mit einem dünnen Anstrich von links her aus der Unterlänge beginnt oder dessen Schaft steil in die Oberlänge geht und dort eine Schlinge bildet, was besonders bei *v* häufig der Fall ist. Dadurch ist eine Verwechslungsmöglichkeit mit dem Buchstaben *b* gegeben. Diese letztgenannte Form des Buchstabens ist kennzeichnend für die zweite Hälfte des 14. und den Beginn des 15. Jahrhunderts. Während das spitze *u* selten im Wortinneren auftritt, erscheint das runde *u* ausschließlich dort. Diese runde Form des *u* besteht aus zwei parallelen Schäften, die durch einen Diagonalstrich verbunden werden. Auffallend am Schriftbild sind auch die teilweise recht ausgeprägten Schlingen von *b*, *d*, *h* und *l*.
Von den Großbuchstaben ist für die Schrift von *Schreiber 1* das kapitale *A* charakteristisch, das ausschließlich einen waagrechten Querbalken besitzt. Das große *W* zeichnet sich dadurch aus, daß beide Schäfte mit Schlingen an den oberen Enden versehen sind, was ein typisches Merkmal für das 14. und 15. Jahrhundert ist.[178]) Insgesamt zeigt die Schrift Merkmale des 14. und der ersten Hälfte des 15. Jahrhunderts. Aus der Verbindung des *Terminus post quem* der Urkunden des Hauptteiles und den erwähnten Schriftmerkmalen ergibt sich, daß es sich um einen Schreiber aus der ersten Hälfte des 15. Jahrhunderts handeln muß.

Schreiber 2

Die Schrift von *Schreiber 2*, der die Urkunden 101–106 in hellbrauner Tinte in die Handschrift eintrug, weist ebenso einen aufrechten Duktus auf wie die Hand von *Schreiber 1*, ist jedoch in ihrem Gesamteindruck unregelmäßiger und kursiver gestaltet. Diese Unregelmäßigkeit drückt sich besonders in den uneinheitlichen Zeilenabständen aus. Die Schrift zeichnet sich durch ein schmales Mittelband und ausgeprägte Ober- und Unterlängen aus; letztere laufen zumeist spitz aus. Weiters ist gegenüber *Hand 1* eine verstärkte Tendenz zur Schlingenbildung bei den Buchstaben *b*, *d*, *f*, *h*, *k* und *l* feststellbar.
Der Buchstabe *e* wird zweiteilig geschrieben und ist bereits geöffnet. Der Schaft des *g* bildet in der Unterlänge häufig eine Schlinge oder verläuft zumindest nicht mehr parallel zur Zeile. *s* und *f* bilden häufig Schwell-

---

[175]) Heinemeyer, Urkundenschrift 217.
[176]) Die Terminologie wurde von Heinemeyer, Urkundenschrift 222, entlehnt.
[177]) Heinemeyer, Urkundenschrift 185.

schäfte aus, sind aber auch noch in derselben Form wie bei *Schreiber 1* anzutreffen. Der Buchstabe *r* ist weniger gespalten als bei *Hand 1* und verfügt als Doppelform oft über einen kleinen Abstrich am Schaftende, der nach rechts umgebogen ist. Die allmähliche Ablösung des gespaltenen *r* deutet nach Heinemeyer schon auf die zweite Hälfte des 15. Jahrhunderts hin.[179])

Bei den Großbuchstaben ist zunächst das *S* charakteristisch, das eine schlingenartige Form aufweist. Nach Heinemeyer nimmt diese Form seit der Mitte des 15. Jahrhunderts zu.[180]) Das *W* weist im Vergleich zu *Hand 1* keine Schlingen an den ersten beiden Schäften auf, sondern hat am Ende des Buchstabens einen Bogen. Auch diese Form existiert vor allem in der zweiten Hälfte des 15. Jahrhunderts.[181])

Schreiber 3

Dieser Schreiber, der die Urkunde 107 mit dünklerer Tinte als *Hand 2* kopierte, bedient sich einer kleineren und filigraneren Schrift als die zuvor genannten Schreiber. Die Schrift wirkt sehr regelmäßig und weist einen aufrechten bis leicht rechtsgeneigten Duktus auf. Die Buchstaben weisen häufig einfache Brechungen auf und machen einen eher zusammengedrängten und ungelenken Eindruck. Das Mittelband ist schmal und vor allem die Unterlängen sind stark ausgebildet.

Das kleine *e* weist dieselbe Form wie bei *Schreiber 1* auf. *g* hat in der Unterlänge nur mehr eine kleine Schlinge, während der Schaft durch größere Strichstärke auffällt und beim Buchstabenkopf über das Mittelband hinausragt. Bei *m* und *n* ragen die Enden des zweiten bzw. dritten Schaftes nur sehr selten in die Unterlänge, dafür biegen sie am unteren Ende des Mittelbandes nach rechts um. Das *r* ist nicht gespalten, weist einen nur leicht nach rechts unten geneigten Schaft auf und hat einen kleinen Abstrich nach rechts am unteren Ende des Mittelbandes. *s* und *f* haben vor allem im oberen Teil Schwellschäfte. Der Großbuchstabe *S* weist die bereits von Schreiber 1 bekannte runde Form auf.

Schreiber 4

Er schrieb die grundbücherliche Eintragung Nr. XIV in dunkelbrauner Tinte nieder. Seine Schrift weist einen leichten Rechtsduktus auf. Charakteristisch sind das schmale Mittelband bzw. die spitz auslaufenden und deutlich ausgeprägten Ober- und Unterlängen. Vor allem gegen Ende des Textes stechen übergroße Rundungen und Schlingen hervor. Auffällig sind auch die langen gebogenen Kürzungsstriche am Zeilenende, die in die nächste Zeile hinunterragen. Das kleine *e* ist offen und zweiteilig. Der Buchstabe *g* weist in der Unterlänge eine große geschlossene Schlinge auf. Das *r* hat im großen und ganzen dieselbe Form wie bei *Hand 3*, zeigt aber

---

[178]) Heinemeyer, Urkundenschrift 217.
[179]) Heinemeyer, Urkundenschrift 181.
[180]) Heinemeyer, Urkundenschrift 185.

am unteren Ende eine leichte Umbiegung nach rechts. Auffällig ist auch das große alphaförmige *A*, das ein Charakteristikum des 15. Jahrhunderts ist.[182])

Schreiber 5

schrieb Nr. XV in dunkelbrauner Tinte nieder. Die Schrift ist sehr regelmäßig und weist ein schmales Mittelband auf. *s*, *f* und *p* haben öfters Schwellschäfte in der Unterlänge. *e* zeigt eine runde, eher geschlossene Form. Der Schaftbogen des *g* kann entweder in den Buchstabenkopf am oberen Ende des Mittelbandes übergehen oder bereits unterhalb des Kopfes mit einer kleinen Schlinge enden. *h* bildet in der Unterlänge eine Schlinge und wird teilweise schon ohne Höcker im Mittelband geschrieben, was auf das Ende des 15. Jahrhunderts hindeutet.[183]) *r* ist bereits doppelschäftig, eine Form, die ebenfalls auf die zweite Hälfte des 15. Jahrhunderts verweist.[184]) Bei *u* wird der Bogen am Schaftende von links nach rechts gezogen, was seit der Mitte des 15. Jahrhunderts auftritt. Von den Großbuchstaben ist *S* zu erwähnen, das links von der Mitte her ansetzt, danach einen Bogen von rechts nach links beschreibt und hoch in der Oberlänge ausläuft.

Schreiber 6

trug die Rechnung über die Ausgaben der Frauenzeche für das Jahr 1519 auf *fol.* 87v–88r in dunkelbrauner Tinte ein. Es handelt sich um eine spätgotische Kursive, die sich bereits auf dem Weg zur Halbkurrentschrift befindet. Die Schrift ist rechtsgeneigt und weist kaum einen Unterschied zwischen Haar- und Schattenstrichen auf. *e* hat noch eine Öse, d.h. die Verdoppelung des Schaftes kommt noch nicht zum Vorschein Dies spricht ebenso für eine spätgotische Schrift wie das gammaförmige geschlossene *g* und die Formen von *k*, *v* und *w*, die noch keine Parallelisierung der Schäfte aufweisen. Das kursive *f* mit der bauchigen Rundung in der Unterlänge deutet hingegen bereits auf Einflüsse der Halbkurrentschrift hin. Auch das *h* verfügt über keinen Bogen im Mittelband mehr, sondern geht geradewegs in die Unterlänge.

Schriftmerkmale der Eintragungen Nr. I–XIII[185])

Der Schreiber, der die Eintragungen I–II in hellbrauner Tinte vornahm, zog die Schrift auseinander und ließ auch relativ große Zeilenabstände. Die Schrift wirkt kursiv und hat schmale Buchstaben im Bereich des Mittelbandes. Auffällig ist, daß bei *b* und *l* keine Schlingen auftreten. Der Schaft des *r* wird nach links durchgebogen und geht am Fuß „schön gerundet in

---

[181]) Heinemeyer, Urkundenschrift 155.
[182]) Heinemeyer, Urkundenschrift 205f.
[183]) Heinemeyer, Urkundenschrift 217.
[184]) KB, *fol.* Ir–IIIr.

den nach rechts gerundeten Abschwung über."[186]) Dies ist ein Kennzeichen der Schrift im Zeitraum von 1450–1500. Auch die spitze *u*-Form gehört dieser Zeitspanne an. Die nächsten vier Eintragungen (III–VI) wurden von einem Schreiber, der mit brauner Tinte schrieb, in wesentlich engerer, regelmäßigerer Schrift gemacht. Auch hier ist der Schriftduktus aufrecht. Auffällig sind *u* und *v* in ihrer spitzen Form, wobei der erste Schaft weit in die Oberlänge ragt, sowie die bei der vorherigen Hand erwähnte *r*-Form. Eine Schlingenbildung ist nur selten anzutreffen.

Die folgenden beiden Eintragungen (VII–VIII),die von einem weiteren Schreiber mit dunkelbrauner Tinte gemacht wurden, zeichnen sich durch ein schmales Mittelband und ausgeprägte Unterlängen aus, wodurch die Schrift sehr langgezogen wirkt. Der Kleinbuchstabe *r* ist bereits doppelschäftig.

Für die Eintragungen IX–X gelten im wesentlichen die Merkmale der beiden vorhergehenden Einträge, der Schreiber drängte aber seine Buchstaben stärker zusammen. Als Charakteristik ist das hier wiederum einschäftige *r* anzusehen.

Die nächsten Vermerke wurden von jeweils einem anderen Schreiber geschrieben. Eintrag XI in brauner Tinte zeichnet sich durch eine höhere Frequenz an Schattenstrichen als die vorangegangenen Einträge aus. Nr. XII, in dunkler Tinte geschrieben, fällt durch das sehr schmale Mittelband und die wenig zusammenhängenden Buchstaben auf. Der letzte Eintrag (XIII) hebt sich äußerlich von den anderen stärker ab. Hervorzuheben sind dabei der relativ starke Rechtsduktus und die Schwellschäfte bei *s* und *f*. Außerdem geht hier das *h* ohne Bogen im Mittelband gerade in die Unterlänge.

Insgesamt kann resümiert werden, daß die Buchstabenformen sämtlicher Einträge einander sehr stark ähneln, was durch die zeitliche Nähe der Eintragungen bedingt ist.

Versuch einer Bestimmung der Überschriften und Randvermerke

Neben den eben besprochenen Schriften finden sich im Kopialbuch auch einige Überschriften und Randvermerke aus dem 15./16. Jahrhundert.

Der Zweck der Überschriften, die den Inhalt der Urkunden zusammenfassen, ist ein rascheres Auffinden der Eintragungen. Eine genaue Beschreibung und Einordnung dieser Überschriften ist einerseits aufgrund der Kürze der Vermerke und andererseits wegen der Unübersichtlichkeit, die aus der unmittelbaren Aufeinanderfolge mehrerer Schriften resultiert, oft schwierig durchzuführen.

Häufig wurde eine Schrift[187]) verwendet, die Ähnlichkeiten mit der Hand von *Schreiber 1* aufweist. Sehr auffallend sind neben dem aufrechten bzw. leicht linksgeneigten Duktus die spitz auslaufenden Unterlängen. *e* existiert noch in geschlossener runder Form, verwendet wird das gespaltene *r*, und auch *u* und *v* treten noch in der alten Form auf. Aufgrund dieser Merk-

---

[185]) Heinemeyer, Urkundenschrift 218.

[186]) Vgl. z.B.: *fol.* 47r: Nr. 66; 48v: Nr. 68; 56r: Nr. 77.

male und der graphischen Nähe zu *Hand 1* könnte man die Schrift zeitlich im 15. Jahrhundert ansiedeln.
Zeitlich später anzusetzen ist ein Überschriftentyp, der durch besonders ausgeprägten Wechsel von Haar- und Schattenstrichen auffällt.[188]) Hervorzuheben sind auch die weit ausladenden Zierschlingen in den Oberlängen. Der Duktus ist ziemlich aufrecht, das Mittelband relativ schmal gehalten. An Einzelformen fällt zunächst der Kleinbuchstabe *e* auf, dessen Schaft nicht mehr so flach liegt wie bei den Schriften der Haupthände, dessen Öse aber noch nicht vollständig aufgegangen ist. *g* hat hier noch nicht die für das 16. Jahrhundert typische Gammaform. *r* ist manchmal bereits doppelschäftig, während *t* noch nicht über das Mittelband hinausgeht. Auffallend sind auch die besonders deutlich ausgeprägten Schwellschäfte bei *s* und *f*. Hervorzuheben ist auch die ältere Form von *v* und *w*, die noch nicht parallelschäftig sind. Resümierend läßt sich feststellen, daß diese Schrift vermutlich in die Zeit des ausgehenden 15. oder an den Anfang des 16. Jahrhunderts zu datieren ist.
Wahrscheinlich aus der ersten Hälfte des 16. Jahrhunderts stammt ein Überschriftentyp[189]), der wesentlich unregelmäßiger und im Duktus rechtsgeneigter als der vorher besprochene ist. Auch hier dominiert ein schmales Mittelband, und die Tendenz zur Schlingenbildung ist ziemlich ausgeprägt. Zudem ist der Unterschied zwischen Haar- und Schattenstrichen relativ gering. Auch mehrere Buchstabenformen weisen auf das 16. Jahrhundert als Entstehungszeit dieser Schrift hin. *e* ist bereits aufrecht und zweischäftig und tritt kaum noch in geschlossener Form auf, *g* ist gammaförmig. *r* hat schon regelmäßig einen Doppelschaft; auch die parallelen Schäfte bei *v* und *w* sind voll ausgebildet. *s* und *f* weisen keine Schwellschäfte mehr auf und gehen nur mehr wenig in die Unterlänge. Die keilförmigen Formen von *R* und *k* weisen auf die erste Hälfte des 16. Jahrhunderts hin. Ein typisches individuelles Merkmal dieses Schreibers ist das *n*, das aus dem zweiten Schaft heraus schlingenförmig in die Oberlänge geht und daher leicht für ein *s* gehalten werden kann.
Die Randvermerke, die zumeist zur Hervorhebung von Orten und Flurnamen dienen, sollten die Handhabung des Kopialbuches ebenfalls erleichtern. Aufgrund der Kürze der Randvermerke war in den meisten Fällen eine exakte Schriftenbeschreibung äußert schwer durchführbar. Etwas längere Eintragungen nahmen zwei Schreiber vor, auf deren Schriftcharakteristika kurz eingegangen werden soll. Vermerke, die vielleicht in das 16. Jahrhundert[190]) zu datieren sind, weisen im großen und ganzen dieselben Merkmale wie der zuletzt erwähnte Überschriftentyp auf, jedoch erscheint das Mittelband noch schmäler und die Schrift noch mehr nach rechts geneigt, außerdem dürfte dabei eine breitere Feder verwendet worden sein.
Andere Eintragungen[191]) dürften von einem Schreiber aus dem 15. Jahrhundert gemacht worden sein. Wohl weist die Schrift bereits das

---

[187]) Vgl. z.B.: *fol.* 22r: Nr. 34; 24r: Nr. 37.
[188]) Vgl. z.B.: *fol.* 30r: Nr. 44; *fol.* 39v: Nr. 55.
[189]) Vgl. z.B. *fol.* 47v: Nr. 66; 58r: Nr. 80; 59r: Nr. 81; 60r: Nr. 82; 82v: Nr. 106.
[190]) Vgl. z.B. *fol.* 39v: Nr. 55.

doppelschäftige *r* auf, und auch *h* geht ohne Bogen im Mittelband in die Unterlänge. Die runde Form des Buchstabens *e* deutet aber noch auf das 15. Jahrhundert hin.

3. Regesten- und Editionsteil

3.1. Bemerkungen zur Regestierung der Urkunden

Der Erstellung der Regesten wurden die von Walter Heinemeyer herausgegebenen „Richtlinien für die Regestierung von Urkunden" zugrunde gelegt.[191]) *Ortsnamen*, die nicht einwandfrei identifiziert werden konnten, wurden – ebenso wie wörtlich aus dem Kopialbuch übernommene Wendungen – gemäß der Vorlage wiedergegeben und erscheinen im Regest in Kursive. Alle übrigen Ortsnamen wurden in ihrer heutigen Schreibweise angeführt. Bei der Wiedergabe der *Straßen- und Flurbezeichnungen* diente die Arbeit von Silvia Petrin[192]) als Grundlage. Bei den *Personennamen* wurde stets die in der jeweils betreffenden Urkunde häufigste Schreibweise angeführt. Flektierte Formen wurden im Regest auf die Nominativform zurückgeführt. Die *Funktionsbezeichnungen* „Marktrichter" bzw. „Richter" wurden gemäß der Vorlage wiedergegeben.
Bezüglich der zu bewältigenden Probleme bei der Vokalwiedergabe sei an dieser Stelle auf die entsprechende Bemerkung der hier folgenden Editionskriterien verwiesen.

3.2. Editionskriterien

Die für die Edition ausgewählten Urkunden sollen einen repräsentativen Querschnitt durch die Aufgabenbereiche der Frauenzeche vermitteln und gleichzeitig als Beispiele für Urkunden ähnlichen Inhalts im Kopialbuch dienen.
Grundlage für die Textwiedergabe waren die von Walter Heinemeyer herausgegebenen „Richtlinien für die Edition mittelalterlicher Amtsbücher"[193]) sowie die Regeln von Fichtenau/Schulte über das „Schriftbild deutscher Texte".[194]) Da diese Kriterien aber nicht alle sich ergebenden Problemstellungen abdeckten, war die Erstellung zusätzlicher Richtlinien erforderlich. Erhebliche Schwierigkeiten bereiteten die häufig über Vokalen stehenden Zeichen. Diese in der Form von zwei Punkten auftretenden Vokalzeichen wurden in der Edition nicht berücksichtigt, da in den meisten Fällen nicht eindeutig zu klären war, ob es sich um ein Umlaut- bzw. Diphtongzeichen oder nur um ein diakritisches Zeichen zur graphischen Unterscheidung eines Vokales von einem Konsonanten (z.B.

---

[191]) Richtlinien für die Regestierung von Urkunden. In: Richtlinien für die Edition landesgeschichtlicher Quellen. Hrsg Walter Heinemeyer (Marburg/Köln 1978) 7–15.

[192]) Petrin, Perchtoldsdorf 34ff.

[193]) Richtlinien für die Edition mittelalterlicher Amtsbücher. In: Richtlinien für die Edition landesgeschichtlicher Quellen. Hrsg. Walter *Heinemeyer* (Marburg/Köln 1978) 17–23.

[194]) Diese Regeln befinden sich (in Photokopie) am Institut für Österreichische Geschichtsforschung.

u-n) handelte. Sicher erkennbare übergeschriebene Vokale wurden bei der Wiedergabe des Textes als Umlaute wiedergegeben. Konsonantengeminationen wurden nicht normalisiert.
Kürzungen wurden der Flexion des Casus bzw. der sonst in den Urkunden üblichen Schreibweise angepaßt.
Die oft vorkommenden Urkundenüberschriften wurden im Anschluß an die Textwiedergabe mit dem Vermerk *Rubrum* angeführt, während Randvermerke durch Buchstabenanmerkungen angezeigt wurden.
Ein Vergleich der im Kopialbuch enthaltenen Urkunden mit den Originalstücken wäre über den Rahmen der vorliegenden Arbeit hinausgegangen und mußte daher unterbleiben.

3.3. Regesten und Urkundentexte

[14]87[1]) I

Wolfgang Mergkchell erhält von der Frauenzeche ein Rechel Weingarten am Saurüssel in Perchtoldsdorf auf Lebenszeit zu Teilbaurecht. Als Gegenleistung muß der Pächter der Frauenzeche jährlich den vierten Eimer seiner Weinlese abliefern.

KB: *fol.* 1^r^.
Lit.: Petrin, Perchtoldsdorf 200, 456 (Anm. 46).

[1]) In der Eintragung wird der das Rechtsgeschäft vollziehende Zechmeister *Ulreich Eberl* genannt, welcher der Frauenzeche 1486/87 sowie 1492–1495 vorstand. Vgl. Petrin, Perchtoldsdorf 115.

[14]87[1]) II

Gilig durch[n] Waldt pachtet von der Frauenzeche ein Rechel Weingarten am Lindberg in Perchtoldsdorf zu Teilbaurecht auf acht Jahre, wofür er jährlich den vierten Eimer seiner Weinernte als Abgabe zu entrichten hat.

KB: *fol.* I^r^
Lit.: Petrin, Perchtoldsdorf 200, 456 (Anm. 46).

[1]) Zur Datierung der Eintragung vgl. Petrin, Perchtoldsdorf 200, 456 (Anm. 46).

[14]93[1]) III

Lucas Pordler aus Rodaun pachtet von der Frauenzeche eine Wiese *auff dem indern feld* auf neun Jahre gegen eine jährliche Zahlung von 4 *ß d.*

KB: *fol.* I^v^.

[1]) Zur Datierung der Eintragung vgl. Petrin, Perchtoldsdorf 200, 456 (Anm. 46).

[14]92[1]) IV

Wolfgang Fleichhaker aus dem *Lempach* (Alt- oder Neulengbach), Sohn des *Jacob Fleischhaker*, erhält von der Frauenzeche ein Rechel Weingarten am Viechparz in Perchtoldsdorf auf Lebenszeit zu Teilbaurecht. Da der

Weingarten verödet ist, erhält der Pächter eine Abgabenfreiheit für die Dauer von vier Jahren zugestanden. Nach Ablauf dieser Frist soll er der Frauenzeche jährlich den vierten Eimer seiner Weinernte als Abgabe leisten.

KB: *fol.* I^v^.
Lit: Petrin, Perchtoldsdorf 200, 456 (Anm. 46).

[1]) Zur Datierung siehe Anm. zu I.

[14]92[1]) V

Hanns Prosem aus Leobersdorf erhält von der Frauenzeche ein Rechel Weingarten am Viechparz auf Lebenszeit zu Teilbaurecht. Da der Weingarten verödet ist, wird ihm für einen Zeitraum von vier Jahren Abgabenfreiheit zugestanden. Nach Ablauf dieser Frist muß er der Frauenzeche jährlich den vierten Eimer seiner Weinlese abliefern.

KB: *fol.* I.
Lit: Petrin, Perchtoldsdorf 200, 456 (Anm. 46).

[1]) Zur Datierung siehe Anm. zu I.

[14]92[1]) VI

Wolfgang Eberl erhält von der Frauenzeche ein Rechel Weingarten in der Winterhagenau in Perchtoldsdorf auf acht Jahre zu Teilbaurecht, wofür er jährlich den vierten Eimer seiner Weinernte zu entrichten hat.

KB: *fol.* I[v].

[1]) Zur Datierung siehe Anm. zu I.

[14]95 Jänner 18[1]) VII

Hanns Weintzierdl pachtet von der Frauenzeche ein Rechel Weingarten am Viechparz für acht Jahre, wobei das erste Jahre abgabenfrei, die weiteren sieben Jahre der vierte Eimer der Weinlese zu leisten ist.

KB: *fol.* I[v].

[1]) Zur Datierung siehe Anm. zu I.

[14]95 Jänner 18[1]) VIII

Mertl, Inwohner bei *Linhartt Hawssnner*, erhält von der Frauenzeche ein Rechel Weingarten am Saurüssel auf acht Jahre, wofür er der Zeche jährlich den vierten Eimer seiner Weinernte abzuliefern hat.

KB: *fol.* II[r].

Mertl, inwenner zu dem Linhartten Hawssnner, hat bestannden ain weingartn, des ain rachl ist, gelegnn im Saurusl auf des Wolfganngn Schars mull zunagst zu sannd Annders kappelln zu Radaw weingarten mit aim rain auf VIII jar und nicht lenngner. Und davon alle jar der zech geben den vierdn

eimer. Und der bestanndt ist beschechen am suntag vor Clementi Vycennti anno domini nonagesimo quinto per me Ulreich Eberln zechmaister.

[1]) Zur Datierung siehe Anm. zu I.

[14]95 September 27[1]) IX

Caspar Saltzburger aus Maria Enzersdorf und seine Gemahlin *Angnes* erhalten von der Frauenzeche ein Rechel Weingarten in der Heugasse auf Lebenszeit zu Teilbaurecht. Als Abgabe ist jährlich der vierte Eimer Most zu entrichten.

KB: *fol.* II[r].
Lit: Petrin, Perchtoldsdorf 200, 456 (Anm. 46).

[1]) Das Rechtsgeschäft wurde von *Mertt Mairhoffer* (Zechmeister 1488, 1495 sowie 1498/99) vollzogen; vgl. Petrin, Perchtoldsdorf 115.

[14]96 Jänner 21[1]) X

Kristann Swanntner, Inwohner bei *Mertt Mayrhoffer*, erhält von der Frauenzeche ein Rechel Weingarten an der Mittleren Soß in Perchtoldsdorf zu Teilbaurecht, wofür er jährlich den vierten Eimer Most als Abgabe zu leisten hat.

KB: *fol.* II[r].
Lit: Petrin, Perchtoldsdorf 200, 456 (Anm. 46).

[1]) Zur Datierung siehe Anm. zu IX.

1500 Februar 11 XI

Jorg Kranner, Mitwohner zu Perchtoldsdorf, und seine Ehefrau *Margreta* erhalten von der Frauenzeche ein Rechel Weingarten am Viechparz auf Lebenszeit zu Teilbaurecht. Als Abgabe ist jährlich der vierte Eimer Most zu entrichten.

KB: *fol.* II[v].
Lit: Petrin, Perchtoldsdorf 200, 456 (Anm. 46).

1501 November 20 XII

Leopold im Holz pachtet von der Frauenzeche ein Rechel Weingarten am Saurüssel auf vier Jahre, wofür er jährlich den vierten Eimer Most als Abgabe zu leisten hat.

KB: *fol.* II[v].

[15]02 September 29[1]) XIII

Georg Oder aus Brunn und seine Gemahlin *Margereth* erhalten von der Frauenzeche einen Weingarten am Zuckenmantel in Perchtoldsdorf auf Lebenszeit. Während der ersten sechs Jahre soll das Ehepaar abgabenfrei sein, danach jedoch nicht näher genannte Dienste an die Frauenzeche leisten. Zehent- und Bergrechtabgaben sind an eine dritte, nicht erwähnte Person abzuliefern.

KB: *fol.* III^r^.

[1]) Die Festlegung des Jahrhunderts ergibt sich aus der Reihenfolge der Eintragungen und anhand der Schriftmerkmale.

1391 Jänner 2 1

Stephan der Rakkendorffer[1]), Pfarrer zu Perchtoldsdorf, stiftet und weiht die Sankt Antoniuskapelle im Pfarrhof von Perchtoldsdorf, stattet sie mit genanntem Besitz und genannten Einkünften aus und unterstellt die Stiftungsgüter dem jeweiligen Zechmeister der Frauenzeche.

Siegler: 1. *Stephan der Rakkendorffer*, Pfarrer von Perchtoldsdorf
2. *Hanns der Geveller*
3. *Hanns der Lang*, Marktrichter zu Perchtoldsdorf

KB: *fol.* 1^r^.
Druck: Petrin, Perchtoldsdorf 313f.
Regest: Petrin–Steuer, Archiv 13, Nr. 10.
Lit.: Petrin, Perchtoldsdorf 256.

[1]) vgl. Petrin, Perchtoldsdorf 262.

1390 Dezember 20 2

Ott Füg aus Perchtoldsdorf und seine Ehefrau *Margret* verkaufen an *Stephann den Rokkendorffer*[1]), Pfarrer zu Perchtoldsdorf, für die Dotation der Sankt Antoniuskapelle einen Geldzins von 5 *ß Wr. d*, der auf einem halben Lehen in Wiener Neudorf liegt.

Siegler: 1. *Ott Füg* aus Perchtoldsdorf
2. *Nyclas der Turnkchart*, Bürger zu Perchtoldsdorf

KB: *fol.* 1^v^
Lit.: Petrin, Perchtoldsdorf 95, 256 u. 494 (Anm. 103).

[1]) Vgl. Anm. 1 zu Nr. 1.

1391 März 9, Wien 3

Herzog Albrecht III. bestätigt die Stiftung der Sankt Antoniuskapelle.

KB: *fol.* 2^r^.
Regest: Petrin, Perchtoldsdorf 314; Petrin–Steuer, Archiv 13, Nr. 11.
Lit.: Petrin, Perchtoldsdorf 256.

1422 Februar 27 4

Pernhart Fueg, Sohn des verstorbenen *Ott Fueg*, verkauft einen auf einer Hofstatt zu Wiener Neudorf gelegenen Geldzins von 12 *d* an die Frauenzeche.

Siegler: 1. *Pernhart Fueg*
2. *Leb der Nusdarffer*, Bürger zu Perchtoldsdorf

KB: *fol.* 2^{r}–2^{v}.

1384 Dezember 1 5

Ekchart von Altmannsdorf, Sohn des *Caschpar*, verkauft einen Geldzins von 5 *ß* 12 *d* Wr. Münze, der auf behausten Gütern in Wiener Neudorf liegt, an *Ott den Füg*.

Siegler: 1. *Ekchart* von Altmannsdorf
2. Jans von Sankt Leonhard, Schwager des *Ekchart* von Altmannsdorf
3. *Stephan der Loittner*[1]), Wiener Ratsbürger

KB: *fol.* 2^{v}–3^{r}

[1]) Vgl. Leopold Sailer, Die Wiener Ratsbürger des 14. Jahrhunderts = Studien aus dem Archiv der Stadt Wien 3/4 (Wien 1931) 338f, Nr. 18.

1389 Dezember 8 6

Hainreich, Kämmerer Herzog Albrechts III., und seine Ehefrau *Anna* verkaufen an *Stephan den Rakkendorffer*[1]), Pfarrer zu Perchtoldsdorf, Güter in Wiener Neudorf, einen Geldzins in Achau und Zehentrechte in Riedenhof, die dieser für die Dotation der Sankt Antoniuskapelle verwendet, und deren Verwaltung dem jeweiligen Zechmeister der Frauenzeche obliegt.

Siegler: 1. *Hainreich,* Kämmerer Herzog Albrechts III.
2. *Hanns der Geveller* aus Perchtoldsdorf

KB: *fol.* 3^{r}–3^{v}.
Lit.: Petrin, Perchtoldsdorf 95, 398 (Anm. 15); Petrin, Geschichte Perchtoldsdorf 61, 177 (Anm. 51).

[1]) Vgl. Anm. 1 zu Nr. 1.

1361 Juli 9, Wien 7

Jans von Altenburg und seine Ehefrau *Margart* verkaufen ihren in der Sommerhagenau gelegenen Weingarten an *Michel den Rentschen* und dessen Gemahlin *Chunigunde* um 10 *tl Wr. d.*

Siegler: 1. *Hainreich der Schuchler*, Bergherr des Weingartens
2. *Ulreich der Gunczpurger*[1]), Schreiber

KB: *fol.* 4^{r}–4^{v}.
Lit.: Petrin, Perchtoldsdorf 196, 454 (Anm. 25).

[1]) Vgl. Sailer, Ratsbürger 297, Nr. 15.

1381 April 21 8

Michel Spiegler, Bürger zu Wien, und seine Ehefrau *Chunigund* stiften von genannten drei Weingärten und einer nach ihrem Ableben von ihren Erben zu erlegende Geldsumme von 32 *tl Wr. d* eine in der Perchtoldsdorfer Pfarrkirche fünfmal wöchentlich abzuhaltende ewige Messe. Zudem verfügt das Ehepaar die Einstellung eines Kaplans, der mit einem Jahresgehalt von 6 *tl Wr. d* zu besolden ist und für dessen Unterhalt jährlich 10 *tl Wr. d* aufgewendet werden sollen. Die Stifter behalten sich für das Stiftungsgut, das nach ihrem Tod in den Besitz der Frauenzeche übergehen soll, ein lebenslängliches Nutzungsrecht vor. Für den Fall, daß die Frauenzeche die Stiftungsbestimmungen nicht ordnungsgemäß ausführt, sollen die Erben des Ehepaares das Dotationsgut der Perchtoldsdorfer Pfarre übereignen. Trüge auch die Pfarre für die Stiftung nicht in geeigneter Weise Sorge, soll das Stiftungsvermögen einem anderen Gotteshaus zufallen, das die Stiftung besser betreut.

Siegler: 1. Bergsiegel Herzog Albrechts III.
2. *Niclas der Stayner*, Bürger zu Wien, Bergherr
3. *Janns Lang*, Marktrichter zu Perchtoldsdorf
4. *Nyclas der Turnchart*, Judenrichter zu Perchtoldsdorf
5. *Thoman der Radendorffer*, Bürger zu Perchtoldsdorf

KB: *fol.* 4v–6v.
Regest: Petrin–Steuer, Archiv 11, Nr. 6.
Lit.: Petrin, Perchtoldsdorf 196, 454 (Anm. 25); 275, 505 (Anm. 87).

1399 November 24, Perchtoldsdorf 9

Janns der Lanng, Richter zu Perchtoldsdorf, und seine Ehefrau *Pericht* stiften eine an fünf Wochentagen zu lesende ewige Messe, die am Katharinenaltar in der Perchtoldsdorfer Pfarrkirche zu halten ist. Außerdem errichten die Stifter zur Versorgung ihres Sohnes *Stephan*[1]), der Priester werden soll, ein Meßstipendium in der Höhe von 20 *tl Wr. d*. Würde *Stephan Lanng* nicht Priester werden, soll der Perchtoldsdorfer Pfarrer einen würdigen Kaplan einstellen, für dessen Tätigkeit jährlich 8 *tl Wr. d* und für dessen Unterhalt 12 *tl Wr. d* im Jahr aufgewendet werden sollen. Die Verwaltung des Stiftungsgutes, das aus einem Weingarten im Barmhartstal und einer Kapitalsumme von insgesamt 254 *tl Wr. d* besteht, obliegt der Frauenzeche. Sollte die Frauenzeche den Stiftungsbestimmungen nicht ordnungsgemäß nachkommen, werden die Erben des Ehepaares ermächtigt, das Dotationsgut einzuziehen und es einer anderen, vom Pfarrer auszuwählenden Zeche zu übereignen, welche die Stiftungsverfügungen in geeigneter Weise erfüllt.

Siegler: 1. *Janns der Lanng*, Richter zu Perchtoldsdorf
2. Bergsiegel Herzog Wilhelms
3. Bergsiegel Herzog Albrechts IV.
4. *Nyclas der Turnkart*, Bürger zu Perchtoldsdorf
5. *Leb der Nustarffer*, Bürger zu Perchtoldsdorf

KB: *fol.* 6[v]–8[r].

Lit.: Petrin, Perchtoldsdorf 249; 252, 487 (Anm. 36); 275, 505 (Anm. 88); Petrin, Geschichte Perchtoldsdorf 150, 184 (Anm. 47).

Ich Janns der Lanng, richter ze Perichtolczdorf, und ich Pericht sein hawsfraw[a]*) und all unser erben, wir vergehen und tun chund allen den, dy den brief lesent oder horent lesen, dy nu lebent oder hernach chumftig werdent, das wir mit guten willen und wolbedachtem mut und mit gesampter hant, mit gueter gedachtnuzz und gesuntem leib, mit ganczer weschaydenhait lawtterleich durich Gott zu der zeit, do wir es mit recht woll getun mochten, durich unser sel und unser vodern und nochchomen selhayl willen geschafft und gegeben haben in unser frown zech zu Perichtolczdorf umb ain ewige mess, dy man in der egenanten pharchkirichen zu Perichtolczdorf an fumf tagen in yegleicher wochen haben und sprechen schol und besunderleich an dem veirtag, es sey vor dem ampt oder under dem ampt, wann des not ist, awsgenomen hochczeittleichen tagen an alles verczichen, dy hernach benanten gueter: von erst mit des erbern mannes hant Hannsen von Stremkch von Medling, dyzeytt perigmaister der edeln und hochgeborn fursten herczog Wilhalms und herczog Albrechtes in Osterreich, ze Steyr und ze Kchernnden, ze Chrain und graffen ze Tyroll etc. unsern weingarten, gelegen in dem Perbistal zunogst Jacobs des Kchettern*[2]) *weingarten von Wienn, der do haysset der Stareyner*[b]*), do man von demselben unserm weingarten alle jar dient den edeln und hochgeborn fursten in ir perkrecht, daz zu Medling gehoret, vierdhalb viertail weins in dem lesen zu perkchrecht und vierdhalb ort zu voytrecht und nicht mer. Auch zu hilf und pessrung schaffen wir derselben mess hundert phunt und fumfczigk phunt Wienner phennig in dy vorgenant unser frown zech, also das si dazselb gelt schullen anlegen noch unserm und unser frewnt und der zechbruder ratt, do es der egenanten zech und der ewigen mess wol aufgelegen sein. Auch schaffen wir zu der egenanten mess zu hilff und zu pessrung vierczigk phunt Wienner phennig, dorumb man chawffen schol zway messgevant und zwainczigk phunt Wienner phennig umb ayn messpuch und zweliff phunt Wienner phennig umb aynen chelich und zwayunddreyssigk phunt Wienner phennig umb ain ewiges liecht, das tag und nacht vor dem alter prynnen sol und dem guster zwenunddreyssigk Wienner phennig an sand Jeorigentag fur sein mue. Dy vorgenanten gueter alle haben wir in dy egenanten unser frown zech zu Perichtolczdorf umb dy ewigen mess geordent, gemacht und gewidemt, orden, machen und wydem auch dy dorzu mit dem brieff furbas ledigkleichen dopey zu beleiben an allen krieg und irrung mit allen den nuczen und rechten, als dieselben gueter mit recht unversprochenleich von alter herchomen sind. Und darumb schol auch derselb zechmaister, der unser frown zech ze Perichtolczdorf inhat und dy purger daselbes alle jar jarleichen raychen und dienen meinem sun Stephan, ob er priester wirdt, zwainczigk phunt Wienner phennig, zu yder kchottemmer fumf phunt Wienner phennig, in dem jar sein lebtag, also das er dyselb mess mag gesprechen hie oder alswo an irrung und hindernus allermenikchleich. Wer aber, das der egenant mein sun nicht priester wurd oder abgienge mit dem tod, so schullen dann der zechmaister, der unser frown zech inhat, und dy puriger daselbs furbaz* *ewikchleich alle jar aynen chappelan in des pharrer kchost zu Perichtolczdorf haben, und schol dan der chapplan, welichen der pharrer ymmer darzunimpt, dy egenanten mess alli jar ewikchleichen in der pharkchirichen zu Perichtolczdorf fumf stund in ygleicher wochen haben und sprechen und besunderleich an ygleichem veyrtag, als vorgeschriben stet auff sand Kathreinalter in der newn chappellen, wann des durft ist oder der pharrer schaffet, an alle sawmung. Von demselben chapplan ygleichem, wer ye do ist, schol man aws der egenanten unser frawn zech geben und dienen alli jar dem pharrer zu Perichtolczdorf, wer ye do ist, umb dy chost, dy der chapplan mit im hat, zweliff phunt Wienner phennig zu vier kchottemern in dem jar, zu yder chottemmer drew phunt Wienner phennig, und dem chappelan, der dy mess spricht, acht phunt Wienner phennig, auch zu yder chottemmer zway phunt Wienner phennig. Man schol auch demselben chappelan sein leslycht geben als andern herren doselbs, und dem guster, wer ye do ist, zwenunddreyssigk phennig an sand Michelstag, das man alles aws der egenanten unser frown zech raychen und dienen schol mit allen den nuczen und rechten, als man anders ewiges gelt in dem lannd zu Osterreich dient. Es mag auch derselb pharrer denselben chapplan wol verkchern, wan er im nicht fueget und ain andern an sein stat nemen. Es schol auch derselb chappellan derselben mess umb chain pharleychew recht nicht annemen, wie dy genant sein, noch sich der underwinden, ausgenomen er werd dann von dem pharrer darzu psunderleich gefodert. Es schol auch derselb chapplan alle tag tagleich mit ainem chorrekchlein angelegt sein pey vesper und pey metten und pey dem fronampt in der egenanten pharrkchirichen. Es schol auch derselb chapplan seinem pharrer doselbs in allen zimleichen und erberen sachen albeg diemutykchleichen sein gehorsam. Wer aber, das der zechmaister zu Perichtolczdorf, wer ye unser frown zech do inhat, und dy puriger doselbs furbaz sawmig wern, das dy vorgenant mess nicht volbracht wurd, als vorgeschriben stet, das der egenant weingart abnem an dem paw oder dy gult, dy man umb dy anderthalbhundert phunt Wienner phennig chawft, nicht wurden gedint, dovon dy mess mocht abgen und gechrenkcht werden, so schullen dan unser bayd frewnt, es sein man oder frawn, und dy gancz gemain doselbs, wer ye den prief inhat, den wir von dem zechmaister und von den purigern doselbs inhaben zu allem dem rechtem, als vorgeschriben stet,* [den] *vorgenanten weingarten und dy anderthalbhundert phunt Wienner phennig und alles das gutt, das wir zu der vorgenanten mess gegeben haben, als vorgeschriben stet, nichts ausgenomen, aus der egenanten zech alles wider nemen. Also das dyselb mein nogst frewnt oder dy gancz gemain noch des pharrer ratt das vorgenant gutt alles sullen geben in andre zech oder wo sew hinwellen noch iren trewn, do es der vorgenantn mess woll leyt und auch alles das dovon dienen und raichen schullen, alls vorgeschriben stet. Wir sein auch des egenanten weingarten und der anderthalbhundert phunt gelts und alles des guetes, das wir darzu derselben mess gegeben haben ir recht gewer und scherm zu allem dem rechten, als vorgeschriben stet, als des perigks recht ist und des lanndes recht zu Osterreich. Get in furbaz daran ich ab mit recht oder ob sy icht krieg oder ansprach daran gewunnen, von wem das wer mit recht, daz schullen wir in alles ausrichten und widercheren an allen iren schaden. Und schullen auch sy das haben auf uns unverschayden-*

leich und auff allem dem gutt, das wir haben in dem lannde zu Osterreich, wir sein lembtig oder tod. Und das dyse ornung und dye sach furbas ewikchleich stet und unczebrochen beleib, daruber geben wir in den brieff, versigilt mit meinem angehangen insigil und mit der edeln hochgeborn fursten herczog Wilhalm und herczog Albrechts perkchherren insigil, das sy uber ir perikgrecht zu Medling gegeben habent, und mit der zwayr erbern man insigil Nyclasen des Turnkarts und Leben des Nustarffer, bayd puriger zu Perichtolczdorff, dye wir des gepeten haben, das sy der vorgeschriben sach geczewgen sind mit iren aygen angehangen insigiln, in bayden an schaden, der geben ist zu Perichtolczdorff, do man zalt nach Christi gepurd drewczehenhundert jar darnach in dem newnnundnawnczgistem jare an der edeln jungkchfraw sand Kathereinabent.

Rubrum:
Überschrift des 15./16. Jahrhunderts: *Janns der Lanng hat gestifft funff mess all wochen in der pharrkirchen ewigclich zu halten*

Rubrum:
Überschrift des 15./16. Jahrhunderts: *Perbestal auf sand Kathreinaltar*

[a]) Verbessert aus *fraw*.
[b]) Vermerk des 15./16. Jahrhunderts am linken Rand: *Stareyner.*

[1]) Perger, Ratsbürger 219, Nr. 316.
[2]) Sailer, Ratsbürger 317, Nr. 11.

1419 September 26, Hainburg 10

Herzog Albrecht V. bestätigt das im Perchtoldsdorfer Marktbuch eingetragene Testament des verstorbenen Perchtoldsdorfer Richters *Hanns des Polczel.*

Siegler: Herzog Albrecht V.

KB: *fol.* 8r.
Lit.: Petrin, Perchtoldsdorf 131 (Anm. 1); 152, 427 (Anm. 87).

1414 Juli 8, Wien 11

Herzog Albrecht V. verleiht an *Hanns Polczel*, Richter zu Perchtoldsdorf, ein Haus in der Knappenstraße samt Zubehör zu Burgrecht, das dieser von den beiden Perchtoldsdorfer Juden *Wewch* und *Heschkk* gekauft hat.

KB: *fol.* 8v.
Lit.: Petrin, Perchtoldsdorf 36, 379 (Anm. 26).

Wir Albrecht von Gotes gnaden herczog z[e] Osterreich, ze Steyr, ze Kernden und ze Krain, grave ze Tyrol etc., bechennen, wan unser getrewr Hanns Polczel, richter ze Perchtoltstorff, das haws, gelegen daselbs an der Knappenstrazz zenachst an des Geveller haws, ainen pawmgarten und zwen krawtgerten von Wewchen und Heschkkem, unsern juden daselbs ze Perchtolczdorff, mit unserm gunst und willen in kauffs weis in sein gewalt bracht hat, das wir nach desselben Polczleins vleyssig pet und von sundern gnaden im das obgeschriben haws mitsampt dem pawmgarten und den krawtgerten zu rechtem purkrecht gegeben haben wissentleich mit dem brieff. Also daz er und sein erben dye mit iren zugehorungen nu furbas in purkrechts weis innehaben und niessen und allen iren frumen damit schaffen sullen und mugen und uns auch davon jerleich auf sand Michelstag in unser purkg daselbs ze Perchtolczdorff zu purkrecht raichen und dienen zwenunddreyssig Wienner phennig als purkrechtdiensts und des markts zu Perchtolczdorff recht ist. Wir wellen auch darauff ir scherm und herr sein vor gewalt und unrechten. Mit urchund dicz briefs geben ze Wienn an suntag vor Margarethe virginis nach Christi gepurd vierczehenhundert jar darnach in dem vierczehenden jar.

Rubrum:
Überschrift des 15./16. Jahrhunderts: *Hans Polzl hauss in der Knappenstrass.*

1402 Februar 9 12

Erhart Phinczing, Bürger zu Wien, und seine Ehefrau *Margareta* verkaufen ihren am Zuckenmantel in Perchtoldsdorf gelegenen Weingarten an *Margret*, Witwe des *Nyclas des Tusmer* sowie an *Janns den Polczl* und dessen Ehefrau *Christein*, alle aus Perchtoldsdorf, um 88 *tl Wr. d.*

Siegler: 1. Peter, Prior der Kartause Gaming, Grundherr des Weingartens
2. *Jeorig* von Nikolsburg, Bürger zu Wien[1])
3. *Stephann der Lewtter*, Bürger zu Wien[2])

KB: *fol.* 8ᵛ–9ʳ.
Lit.: Petrin, Perchtoldsdorf 98, 404 (Anm. 68).

[1]) Perger, Ratsbürger 229, Nr. 374.
[2]) Vgl. Anm. 1 zu Nr. 5.

1417 März 1 13

Michel Mulner aus Perchtoldsdorf und seine Ehefrau *Margret* verkaufen die in Perchtoldsdorf gelegene Obere Spechmühle samt Zubehör an *Hanns den Polczl*, Marktrichter und landesfürstlicher Amtmann zu Perchtoldsdorf, um 75 *tl Wr. d.*

Siegler: 1. *Peter der Rokkendorffer*, Forstmeister in Österreich
2. *Wernhart der Hawg*, Bürgermeister zu Perchtoldsdorf

KB: *fol.* 9ʳ–9ᵛ.
Lit.: Petrin, Perchtoldsdorf 218, 463 (Anm. 15); 262, 497 (Anm. 15).

1415 Februar 22 14

Hanns Polczel, Marktrichter zu Perchtoldsdorf, und seine Ehefrau *Christein* stiften zu der in der Perchtoldsdorfer Pfarrkirche wöchentlich abzuhaltenden Sonntagsvigilie 1 *tl d* Ewigrente von ihrem Weingarten, der am Zuckenmantel in Perchtoldsdorf liegt. Nach dem Tod der Ehepartner sollen Weingarten und Rente an die Frauenzeche fallen, die für die Weiterführung der Zustiftung Sorge zu tragen hat.

Siegler: 1. *Hanns Polczel*, Marktrichter zu Perchtoldsdorf
2. *Lienhart*, Prior der Kartause Gaming, Grundherr des Weingartens
3. *Peter Stainpeckh*, Bürger zu Perchtoldsdorf

KB: *fol.* 10^r–10^v
Lit.: Petrin, Perchtoldsdorf 269, 500 (Anm. 54).

1419 Jänner 20 15

Erhart der Haydem[1]), Bürger zu Perchtoldsdorf, verzichtet zugunsten seines Schwagers *Hanns des Polczel*, Bürger ebendort, gegen Geldzahlung auf seine Erbschaft.

Siegler: 1. *Wernhart der Hawg*, Bürgermeister von Perchtoldsdorf
2. *Leb der Nusdarffer*, Bürger zu Perchtoldsdorf

KB: *fol.* 10^v–11^r
Lit.: Petrin, Perchtoldsdorf 98, 404 (Anm. 68); 128, 423 (Anm. 26).

[1]) Vgl. Demelius, Haidem 25–35.

1415 März 1 16

Angnes, Witwe des Perchtoldsdorfer Bürgers *Wernhart des Ratgeb*, stiftet zur Verbesserung der Sonntagsvigilie und der täglichen Frühmesse, die beide in der Perchtoldsdorfer Pfarrkirche begangen werden, ihren Weingarten an der Vorderen Soß. Nach dem Ableben der Stifterin soll der Weingarten an die Frauenzeche fallen, die davon die Zustiftung auszurichten hat.

Siegler: 1. *Wernhart der Hawg*, Bürgermeister zu Perchtoldsdorf
2) *Peter Stainpek*, Bürger zu Perchtoldsdorf

KB: *fol.* 11^r–11^v.
Lit.: Petrin, Perchtoldsdorf 117, 413 (Anm. 2); 185, 446 (Anm. 14); 269, 500 (Anm. 52); 269, 500 (Anm. 54).

1409 November 15, Perchtoldsdorf 17

Rutprecht der Sibenhiertter, Richter zu Perchtoldsdorf und Amtmann der Beatrix von Nürnberg, Herzogin von Österreich, bestätigt, daß *Angnes* aus Perchtoldsdorf von ihrem verstorbenen Ehemann *Wernhart dem Rotkeb* einen Weingarten an der Soß geerbt hat.

Siegler: *Rutprecht der Sibenhiertter*, Richter zu Perchtoldsdorf und Amtmann der Herzogin Beatrix

KB: *fol.* 11^v–12^r.

1415 Dezember 23 18
Peter der Wayczler, Bürger zu Perchtoldsdorf, und seine Gemahlin *Anna* verkaufen einen Gemüsegarten, der zu ihrem Haus in der Hochstraße gehört, an *Hans den Polczel*, Richter zu Perchtoldsdorf, um 1 *tl Wr. d.*

Siegler: *Peter der Wayczler*, Bürger zu Perchtoldsdorf

KB: *fol.* 12r–12v.
Lit.: Petrin, Perchtoldsdorf 42.

1378 Jänner 23, Perchtoldsdorf 19

Janns der Ratenburger, Marktrichter zu Perchtoldsdorf, und seine Ehefrau *Anne* verkaufen um 43 *tl Wr. d* ihren zu Burgrecht besessenen Weingarten, der am Viechparz liegt, an den Zechmeister *Nyclas den Hayrla*, der diesen für die Frauenzeche erwirbt.

Siegler: 1. *Janns der Ratenburger*, Marktrichter zu Perchtoldsdorf
2. *Ulreich der Fridenhaimmer*, Grundherr des Weingartens
3. *Seyfrid von Velnpach*, Bürger zu Perchtoldsdorf

KB: *fol.* 12v–13r.
Lit.: Petrin, Perchtoldsdorf 106, 410 (Anm. 9).

1385 Dezember 21 20

Peter Herl und seine Ehefrau *Kathrey* verkaufen ihren Weingarten an der Soß um 21 *tl Wr. d* an *Jorig den Derrengast*, Bürger zu Perchtoldsdorf, und dessen Gemahlin *Angnes*.

Siegler: 1. *Janns der Lang*, Richter zu Perchtoldsdorf und landesfürstlicher Amtmann
2. *Thaman der Radendorffer*, Bürger zu Perchtoldsdorf

KB: *fol.* 13r–13v.
Lit.: Petrin, Perchtoldsdorf 117, 413 (Anm. 2); 185, 446 (Anm. 14).

1372 April 21 21

Der Perchtoldsdorfer Jude *Frewdel*, Sohn des *Patusch*, verkauft seinen Weingarten an der Soß bei den Krautgärten an *Nyclas den Gegel* aus Perchtoldsdorf und dessen Ehefrau *Chunigund* um 12 *tl Wr. d*.

Siegler: 1. *Larencz der Scharrer*, Marktrichter zu Perchtoldsdorf und landesfürstlicher Amtmann
2. *Rueger der Waldner*, grundherrlicher Richter und Amtmann der Perchtoldsdorfer Güter der Kartause Gaming

KB: *fol.* 14r–14v.
Lit.: Petrin, Perchtoldsdorf 101; 185, 446 (Anm. 14).

1391 Juli 25 22

Janns der Lanng, Marktrichter zu Perchtoldsdorf und Amtmann der Beatrix von Nürnberg, Herzogin von Österreich, und *Janns Geveller*, Bürger zu Perchtoldsdorf, sowie deren Ehefrauen *Pericht* und *Anna* verkaufen an den Zechmeister *Leupolt Schell* den Maierhof samt Zubehör um 23 *tl Wr. d*, der ihn für die Frauenzeche erwirbt.

Siegler: 1. *Janns der Lanng*, Marktrichter zu Perchtoldsdorf und landesfürstlicher Amtmann
2. *Janns der Geveller*, Bürger zu Perchtoldsdorf

KB: *fol.* 14v–15r.
Lit.: Petrin, Perchtoldsdorf 38, 382 (Anm. 49, Anm. 58); 39, 382 (Anm. 58); 95; 197, 455 (Anm. 31); Petrin, Geschichte Perchtoldsdorf 50, 175 (Anm. 5).

1397 März 16, Perchtoldsdorf 23

Niclas der Vleischakcher aus Perchtoldsdorf, Sohn des *Christan*, und seine Gemahlin *Elspet* verkaufen an *Hanns den Lang*, Marktrichter zu Perchtoldsdorf und landesfürstlicher Amtmann, und dessen Gemahlin *Pericht* ihre zu Burgrecht besessene Fleischbank am Marktplatz um 18 *tl Wr. d.*

Siegler: 1. *Nyclas der Turnkchart*, Bürger zu Perchtoldsdorf
2. *Leb der Nusdorffer*, Bürger zu Perchtoldsdorf

KB: *fol.* 15r–16r.

1366 März 6 24

Ulreich der Venedier, Bürger zu Wien, und seine Ehefrau *Angnes* verkaufen an *Stephan Wurmprant* ein Wiesengrundstück zu Münchendorf um 12 *tl Wr. d.*

Siegler: 1. *Ruger der Wenig*
2. *Thomann der Swembl*

KB: *fol.* 16r–16v.
Lit.: Petrin, Perchtoldsdorf 42, 386 (Anm. 90); 261, 497 (Anm. 11).

1405 Juli 23 25

Die Brüder *Hanns*, *Stephann* und *Christann*, alle drei Bader zu Perchtoldsdorf, verkaufen ihre Badstube, die in Perchtoldsdorf beim Hofbaumgarten liegt, samt Zubehör um 140 *tl Wr. d* an die Frauenzeche.

Siegler: 1. *Offerlein* von Laa, Hofmeister der Beatrix [von Nürnberg], Herzogin von Österreich
2. *Peter der Pawngartner*, Richter zu Perchtoldsdorf
3. *Wernhart der Rattgeb*, Ratsbürger zu Perchtoldsdorf
4. *Wernhart der Hawg*, Bürger zu Perchtoldsdorf

KB: *fol.* 16v–17v.
Lit.: Petrin, Perchtoldsdorf 95, 398 (Anm. 15); 97, 401 (Anm. 26); 106, 410 (Anm. 9); Petrin, Geschichte Perchtoldsdorf 51, 175 (Anm. 11); 62, 175 (Anm. 55).

1370 März 12 26

Stephann der Wuermprant von Stuppach verzichtet auf sein Wiesengrundstück in Münchendorf zugunsten seines Vetters *Hainreich des Wurm-*

prant[1]), Pfarrer von Perchtoldsdorf, der das Wiesengrundstück an die Frauenzeche schenkt.

Siegler: 1. *Stephann der Wuermprant* von Stuppach
2. *Rueger der Walldner*, grundherrlicher Richter der Kartause Gaming in Perchtoldsdorf

KB: *fol.* 17v–18r.
Regest: Petrin–Steuer, Archiv 10, Nr. 4.

[1]) Petrin, Perchtoldsdorf 261.

1405 März 21 27

Michell der Fuerter, Zimmermann in Perchtoldsdorf, und seine Ehefrau *Kathrey* verkaufen der Frauenzeche ihr an der Perchtoldsdorfer Meierhofstatt gelegenes Haus samt Zubehör um 39 *tl Wr. d.*

Siegler: 1. *Hanns der Schell*, Marktrichter zu Perchtoldsdorf
2. *Wernhart der Rattgeb*, Ratsbürger zu Perchtoldsdorf

KB: *fol.* 18r–18v.

1388 Juni 24, Wien 28

Herzog Albrecht III. verkauft je einen Verkaufsladen seiner Meierhofstatt in Perchtoldsdorf an *Steffan den Rakkendorffer*[1]), Pfarrer ebendort, *Jans den Lang*, *Jans den Gebliczer*, *Ott den Füg*, *Nyclas den Turnchart* und *Lewblein den Schell* um jeweils 6 *tl Wr. d* und um einen jährlichen Burgrechtszins von 4 *Wr. d.*

Von gleicher Hand: *dominus dux per predictum dominum Steffanum plebanum in Perchtolczdorff.*

KB: *fol.* 19r.
Lit.: Petrin, Perchtoldsdorf 39; 97, 402f. (Anm. 48); 193, 452 (Anm. 8); 197, 455 (Anm. 31); Petrin, Geschichte Perchtoldsdorf 118, 182 (Anm. 193).

[1]) Vgl. Anm. 1 zu Nr. 1.

1322 April 23 29

Ulreich Budwein aus Langenlebarn verkauft an den Perchtoldsdorfer Bergmeister *Seifrid* seinen ein Viertel Joch großen Weingarten, der am Haspan liegt, um 28 *tl Wr. d.*

Siegler: *Johann,* Schenk von Ried, Grundherr des Weingartens

KB: 19r–19v.
Lit.: Petrin, Perchtoldsdorf 41, 384 (Anm. 70).

1357 Jänner 10, Perchtoldsdorf 30

Der minderjährige *Ulreich*, Sohn des *Ulreich Herweig* aus Perchtoldsdorf, verkauft mit Zustimmung seiner Eltern an *Chunrat Rubhaimer* aus Passau und dessen Gemahlin *Chunigund* seinen zu Bergrecht besessenen Weingarten in Brunn um 22 *tl Wr. d.*

Siegler: 1. *Janns von Wilhelmsburg*, Marktrichter zu Perchtoldsdorf
2. *Rudolf*, Sohn von *Hainreich* dem alten Richter

KB: *fol.* 19v–20r.
Lit.: Petrin, Perchtoldsdorf 97, 400 (Anm. 25); 99, 405 (Anm. 81); 196, 454 (Anm. 25).

1345 Juni 3, Wien 31

Chunrat der Paurnfaust, dessen Gemahlin *Margret* und *Nichlas der Paurnfaust*, Bruder des *Chunrat*, verkaufen zwei Gewanne Ackerland am Zuckenmantel beim Viechparz, die sie vom Stift Heiligenkreuz zu Burgrecht innehatten, um 5 *tl* 60 *d* Wr. Münze an *Ruger*, Richter zu Perchtoldsdorf, und seine Ehefrau *Elzpet*.

Siegler: 1. Abt *Leupolt* von Heiligenkreuz, Burgherr
2. Bergsiegel der Johanna [von Pfirt], Herzogin von Österreich
3. *Hainreich der Wurmprant*, Pfarrer von Perchtoldsdorf[1])
4. *Greiff der Zoli* von Rodaun

KB: *fol.* 20r–21r.
Lit.: Petrin, Perchtoldsdorf 197, 455 (Anm. 30); 216.

[1]) Vgl. Anm. 1 zu Nr. 26.

1368 März 6, Wien 32

Janns der Wolff und seine Ehefrau *Christein* tauschen ein Rechel Weingarten, gelegen am Haspan, gegen ein Rechel Weingarten am Lindberg, der sich im Besitz der Frauenzeche befindet. Die Zeche leistet überdies eine Zahlung von 11 *tl Wr. d.*

Siegler: 1. *Janns der Rotenburger*, Richter zu Perchtoldsdorf
2. *Ruger der Waldner*, Bürger zu Perchtoldsdorf

KB: *fol.* 21r–21v.

1318 Mai 12, Perchtoldsdorf 33

Chunrat der Schonenchircher und seine Gemahlin *Offemey* verkaufen an den Bergmeister *Seifrid* und dessen Ehefrau *Chunigunde* ihren am Haspan gelegenen Weingarten um 15 *tl Wr. d.*

Siegler: *Chunrat der Schonenchircher*

KB: *fol.* 22r.
Lit.: Petrin, Perchtoldsdorf 13, 369 (Anm. 21); 41, 384 (Anm. 70).

Ich Chunrat der Schonenchircher und mein hausfrow vrow Offemey, wier veriehen und tun chunt an disem prief allen den, dy in lesent oder horent lesen, die nu lebent und hernach chunftig sind, daz wir haben gegeben ze chauffen ainen weingarten, der do leyt an dem Haspan, Seifriden dem per-

gemaister und seiner hausfrown vrow Chunigunden und allen irn erben ze verseczen, ze verchauffen oder wem sy in geben wellent umb funfczehen phunt phennig Wienner munzz, der wir sein recht und redliche gewert. Und haben daz getan mit unsern vrewnt guetem willen und mit unser erben rat und gunst und zu der zeyt, do wir ez wol getun mochten. Das daz stet und unverwandelt beleibe, daruber so gib ich Chunrat der Schonenchircher und mein hausfrow, vrow Offemey, dem vorgenanten Seifriden dem pergemaister und seiner hausfrown, vrow Chunegunten, und allen irn erben disen prief, versigelten mit unserm insigel fur aller unser erben ansprach und zu ainer urchunde und zu ainem waren geczeug diser sache. Und sind des zeuch, her Berchtunch der chamermaister, Hainreich der alte richter ze Perchtolczdorff, Chunrat der Walich, Rueger der Schaffer, Ott der Heczel, Chunrat der Reich, Gotfride in dem Holcz und ander piderbe leut genuech, den dise sache wol chunt ist. Der prief ist gegeben ze Perchtolczdorf, do von Christes gepurde waren ergangen tausent jar drewhundert jar in dem achtzehentem jar darnach an Pangraczentag etc.

Rubrum:
Überschrift des 15./16. Jhs.: *Seifrid pergmaisters kauffbrief umb ain weingarten im Haspan.*

1326 März 28, Wien 34

Hainreich von Molln, Kaplan und Verweser der Burgkapelle zu Wien, bestätigt, daß *Chunrat Schycze* aus Brunn und seine beiden Söhne *Chunrat* und *Peter* ihren in Brunn gelegenen Hof, den sie zu rechtem Eigen innehatten, samt Zubehör um 34 *tl Wr. d* an *Wolfker* von Rodaun und dessen Ehefrau *Leukart* verkauft haben. Das von den Verkäufern gestiftete ewige Seelgerät zum Altar unserer Lieben Frau in Wien, das mit genanntem Grundstück dotiert wurde, wird dahingehend geregelt, daß die Käufer nur eine jährlich am Sankt Georgstag fällige Grundabgabe von 10 *d* Wr. Münze an den Frauenaltar zu leisten haben.

Siegler: *Hainreich* von Molln, Kaplan und Verweser der Burgkapelle zu Wien

KB: *fol.* 22^r–22^v.

1326 März 27, Wien 35

Chunrat der Schucze aus Brunn und dessen Söhne *Chunrat* und *Peter* verkaufen zu den obgenannten Bedingungen[1]) ihren in Brunn gelegenen Hof samt Zubehör an *Wolfker* von Rodaun und dessen Ehefrau *Leukart*.

Siegler: *Chunrat der Schucze* (Vater)

KB: *fol.* 22^v–23^v.
Lit.: Petrin, Perchtoldsdorf 95, 397 (Anm. 4.

[1]) Siehe Nr. 34.

1326 März 28, Wien 36

Stephan Chergel beurkundet für sich und seine Gemahlin *Margaret*, daß sein Schwiegervater *Chunrad der Schucze* und dessen Söhne *Chunrad* und *Peter* ihren Hof in Brunn samt Zubehör an *Wolfker* von Rodaun und dessen Gattin *Leukart* verkauft haben. Um die Käufer gegen etwaige Erbansprüche seitens der minderjährigen Tochter *Chunrats*, *Kathrey*, abzusichern, geben die Aussteller eine Sicherstellung in Form ihrer Weingartensetz, die sich hinter dem Hof *Chunrats des Schüczen* befindet, bis *Kathrey* die Volljährigkeit erreicht hat. Sollte *Kathrey* unverheiratet bleiben, endet die Sicherstellung.

Siegler: *Stephan Chergel*

KB: *fol.* 23v.

1399 November 20 37

Albrecht der Senft aus Perchtoldsdorf und seine Ehefrau *Elspet* verkaufen 2 *tl Wr. d* Burgrecht auf ihrem Haus in der Knappenstraße samt Zubehör um 20 *tl Wr. d* an die Frauenzeche, die diesen Geldbetrag von *Hans dem Lang*, Marktrichter zu Perchtoldsdorf, zum Zweck der Ausrichtung einer Meßstiftung[1]) erhalten hat. Bei Verzug der jährlichen Rentenzahlung kann die Frauenzeche auf Zwispild klagen. Das Burgrecht kann um 20 *tl Wr. d* und den nächsten Burgrechtsdienst abgelöst werden.

Siegler: 1. *Hanns der Lang*, Marktrichter zu Perchtoldsdorf
2. *Niclas der Turnkchart*, Bürger zu Perchtoldsdorf

KB: *fol.* 24r–24v.
Lit.: Petrin, Perchtoldsdorf 198, 456 (Anm. 36); 221, 466 (Anm. 45); 252, 487 (Anm. 36).

Ich Albrecht der Senft ze Perchtolczdorff und ich Elspet sein hausfrow, wir vergehen und tun chund offenleich mit dem prief, daz wir mit unser erben gueten willen und gunst, mit wolverdachten [*muet*] *zu der zeit, do wir es mit recht wol getun mochten und mit des erbern mans hant Hannsen des Langen, diezeit marchtrichter ze Perichtolczdorf und verbeser der gueter, die do gehorent in die purkch doselbs von der edeln hachgeboren furstinn frawn Beatrice von Nuremwerkch, yeczund herczogin in Osterreich, verchauft haben zway phunt Wienner phennig geltz purkchrechts auf unserm haws und was darzu gehort, gelegen ze Perchtolczdorff in der Chnappenstrazs zenegst Fridreichs haws des Weber doselbs, dovon man alli jar dient der obgenanten edeln und hachgeboren furstinn in ir purkch ze Perchtolczdorf sechs Wienner phennig an sand Michelstag ze gruntdienst und nicht mer. Dieselben vorgenanten zway phunt geltz purkchrechts haben wir auf dem obgenanten unserm haws und was darzugehort recht und redleich verchauft und geben in unser frawn zech ze Perchtolczdorff umb zwainczig phunt Wienner phennig, der uns der erber man Fridreich der Tuenawer, diezeit zechmaister und verbeser derselben zech, gancz verricht und gewert hat. Und ist auch daselb gelt herchomen von Hansen dem Langen, diezeit richter ze Perichtolczdorf, das er geben hat zu einer mezz, die man sprechen schol auf sand Kathreinalter in der pharchirichen doselbs. Also mit ausgenomen worten, das wir und all unser erben und nachchomen, die daz egenant unser haws nach uns innehabent und besiczent, alli jar dovon dienen und raichen schullen zway phunt Wienner phennig an sand Mertentag mit alle den nuczen und rechten, alz man ander purkchrecht dient in dem lande ze Osterreich und schullen mit dem ersten dienst anheben nu an sand Mertentag, der schirist chumpt. Und wenn der dienst versessen wirt, so ist denn auf daz vorgenant unser haws und sein zugehorung vor dem amptman oder seinen anwalt ze vragen ze virczehen tägen und zwispil darauf ze haben, alz umb versezzens purkchrechs recht ist und des landes in Osterreich. Wir haben auch vollen gewalt und recht, die vorgenanten zwain phunt gelcz purkchrechts wider abczelosen, wenn wir oder unser erben und nachchomen daz getun mugen oder wellen miteinander mit zwainczig phunten Wienner phennigen und den negsten dienst, domit der denn dovon ze dienen gevellet an allen chrieg. Wir sein auch derselben zwair phunt geltz purkchrechts auf dem obgenanten unserm haws und was darzugehort der vorgenanten unser frawn zeche recht gewern und scherm vor aller ansprach, als purkchrechts recht ist und des landes in Osterreich. Get ir furbas daran icht ab mit recht, was sy denn des schaden nimpt, das schol die zech selb haben auf uns und unsern erben unverschaidenleich und auf alli dem gut, das wir haben in dem lande ze Osterreich oder wo wir es haben, wir sein lembtig oder tode. Und wenn wir selb aygen insigil nicht enhaben, daruber so geben wir in die egenanten unser frawn zech den prief, versigelten mit des obgenanten erbern mans insigel Hannsen des Langen, diezeit markchtrichter ze Perchtolczdorff, und haben auch vleizzichleich gepeten Niclasen den Turnkchart, purger doselbs, das er der sach geczeug ist mit seinen anhangundem insigil, im an schaden. Under derselben insigil wir uns verpinden mit unsern trewn, alles das stet ze haben, daz in dem prief geschriben stet. Geben ze Perchtolczdorf des negsten phincztags vor sand Kathreintag nach Christes gepurde drewczehenhundert jar darnach in dem newnundnewnczigisten jare etc.*

Rubrum:
Überschrift des 15./16. Jahrhunderts: *Von zwain tl. d verkaufts purkrechts auf aim haws in der Knappmstrass diennt man königlicher maiestet VI d.*

[1]) Es handelt sich um die Meßstiftung des Ehepaares *Hans* und *Pericht Lang* zum Katharinenaltar; vgl. Nr. 9.

1423 November 19 38

Hanns Cherner aus Brunn und seine Gattin *Kathrey* verkaufen 2 *tl Wr. d* Burgrecht auf ihrem Haus in Brunn samt Zubehör um 20 *tl Wr. d* an die Frauenzeche, die bei Säumigkeit des Burgrechtsschuldners vor dem grundherrlichen Amtmann auf Zwispild klagen kann. Das Burgrecht ist um 20 *tl Wr. d* und den nächsten Dienst ablösbar.

Siegler: 1. *Peter der Masch*, Grundherr des Hauses
2. *Wolfhart der Aczenpekch* aus Brunn

KB: *fol.* 24v–25v.
Lit.: Petrin, Perchtoldsdorf 198, 456 (Anm. 36).

1423 November 19 39

Hanns Ekkel aus Brunn und seine Gemahlin *Anna* verkaufen 1 *tl Wr. d* Burgrecht auf ihrem Haus samt Zubehör, gelegen in Brunn, um 10 *tl Wr. d* an die Frauenzeche, wobei eine Zwispildklage möglich ist, falls der Aussteller mit den Zahlungen ins Hintertreffen gerät. Das Burgrecht ist um 10 *tl Wr. d* mitsamt dem nächsten Dienst ablösbar.

Siegler: 1. *Peter der Masch*, Grundherr des Hauses
2. *Wolfhart der Aczenpekch* aus Brunn

KB: *fol.* 25^{v}–26^{v}.
Lit.: Petrin, Perchtoldsdorf 41, 384 (Anm. 71); 198, 456 (Anm. 36).

1406 Jänner 21 40

Dyettreich der Eczenvellder[1]), Bürger zu Wien, und seine Ehefrau *Margret* verkaufen 2 *tl Wr. d* Burgrecht auf ihrem Haus samt Zubehör, gelegen im Perchtoldsdorfer Ortsteil Im Holz, um 30 *tl Wr. d* an die Frauenzeche, die diese Geldsumme von *Chunrat dem Gerollt* und dessen Gemahlin *Elzzpet* – beide bereits verstorben – zur Errichtung eines Seelgeräts erhalten hat. Bei Zahlungssäumigkeit hat die Frauenzeche das Recht zur Zwispildklage. Die Ablöse des Burgrechts kann entweder durch Zahlung von 30 *tl Wr. d* zusätzlich dem nächsten Dienst oder durch Übertragung des Burgrechts auf ein anderes geeignetes Haus erfolgen.

Siegler: 1. *Hanns der Schaffer*, Marktrichter zu Perchtoldsdorf und landesfürstlicher Amtmann
2. *Wernhart der Hawg*, Ratsbürger zu Perchtoldsdorf

KB: *fol.* 26^{v}–27^{v}.
Lit.: Petrin, Perchtoldsdorf 97, 401 (Anm. 26).

[1]) Perger, Ratsbürger 193, Nr. 171.

1372 Juli 13 41

Thoman Amman aus Perchtoldsdorf und seine Gemahlin *Elzzpet* stiften für einen Jahrtag, der in der Perchtoldsdorfer Pfarrkirche abzuhalten ist, 13 *ß Wr. d* und 10 *d* Burgrecht auf ihrem in Perchtoldsdorf gelegenen Weingarten, der Valsch genannt wird, wobei die Frauenzeche mit der Verwaltung der Stiftung beauftragt wird. Mit dem genannten Betrag sollen der Pfarrer, vier Priester, der Schulmeister, der Mesner und der Zechmeister der Frauenzeche für die Ausführung der Stiftung entlohnt werden; weiters sind Beträge zur Ausgestaltung der Meßfeier und zur Armenversorgung vorgesehen. Für den Fall, daß der überlebende Teil der Ehepartner, dem ein lebenslängliches Nutzungsrecht zusteht, die Bestimmungen der Stiftung nicht einhält, fällt der Weingarten an die Frauenzeche. Sollte der Zechmeister seiner Verpflichtung nicht nachkommen, sollen vier ehrbare Perchtoldsdorfer Bürger nach Rat des Pfarrers einen Vertrauensmann auswählen, der die Stiftungsbestimmungen durchzuführen hat.

Siegler: 1. *Jacob der Strozzer*, Bergmeister zu Mödling
2. *Larencz der Scharrer*, Marktrichter zu Perchtoldsdorf
3. *Rueger der Waldner*, Bürger zu Perchtoldsdorf

KB: *fol.* 27ᵛ–28ᵛ.

1339 März 9, Wien 42

Marigreth, Witwe des *Wernhart* von Weitersfeld, und ihr Sohn *Dyetreich* tätigen eine Zustiftung zu dem ewigen Licht vor dem Zwölfbotenaltar in der Pfarrkirche von Perchtoldsdorf in der Höhe von elf Viertel Wein Bergrecht und 72 *d* Wr. Münze.

Siegler: 1. *Marigreth* von Weitersfeld
2. *Dyetreich* von Weitersfeld

KB: *fol.* 28ᵛ-29ʳ.
Lit.: Petrin, Perchtoldsdorf 95, 397 (Anm. 4); 97, 402 (Anm. 38); 196, 454 (Anm. 25); 217, 462 (Anm. 1); 218; 248, 484 (Anm. 7); 252, 487 (Anm. 41); Petrin, Geschichte Perchtoldsdorf 88, 180 (Anm. 121); 90, 180 (Anm. 130); 150, 184 (Anm. 46).

Ich Marigreth, hern Wernhartes witibe von Weyderveld, und ich Dyetreich ir sun wir veriehen offenleich mit disem prief allen, die in sehent oder horent lesen, daz wir mit gesampter hant, mit verdachtem mut, mit gueter gunst und rat aller unser erben zu den zeyten, do wir[a]) iz wol getun mochten, haben gegeben durich unser sell willen und durch unser vodern sell willen dem goczhaws ze Perchtolczdorf zu dem liecht vor der zwelifpoten alter unsers rechten aygenhaften gutes ainlef viertayl weins, daz perchrecht ist, und schol der zechmaister invessen alle jar, swer der sey, der unser vrown zech innehab dacz Perchtolczdorf; und dasselb perchrecht dien zu den zeiten die erberen leut, die hernach geschriben stent: Gotfrid der Heczel fumf viertayl weins an der Sazz und aynen voytphennig und an dem Herczogenperikch der Dorn von[b]) ainem halben rechel und Perchtolt der Gikkiczer von ainem halben rechel und Heunel der Pecch von ainem rechel, die drey also miteinander fumf viertayl weins und ainen voytphennig, und Hainreich der Zimmerman ain viertayl weins und ein ort ze voytrecht. Wir haben auch gegeben zu demselben liecht zwenundsybenczig phennig gultz Wienner munzz, die man dient an sand Georntag von dem perig, der da haysset der Sauruessel[c]), und auch unser aygenhaft guet ist gewesen. Und zu den zeyten dienten die erbern lewt Chunrat Chusner subenczehen phennig, Jacob Mennel fumfczehen phennig, Ulreich mit der Tenken Wagenvart sechczehen phennig, Wernhartes des Schellen chinder sechczehen phennig und Chunratt Mennel acht phennig. Also beschaidenleichen, das man daz egenant liecht vor der zwelifpoten alter alle suntag und alle veirtag in dem jar, swie die genant sint, und auch alle chotemmer sol zunten, wann man zu dem ampt greyffet, und schol iz lazzen prynnen uncz man daz ampt alles gancz und gar gesinget. Wir sein auch dez vorbeschriben guetes gewer und scherm fur alle ansprach mit fursacz, daz wir ez noch pezzern wellen, wann wir daz negst getun megen. Und daz disew red stet und unczebrochen beleyb, darumb so geb wir disen prief, versigelt mit unser payder insigel. Diser prief ist gegeben ze Wienn nach Christes gepurd drewczehenhundert jar darnach in dem newnunddreyzzigisten jar dez suntags zu Mittervasten.

Rubrum:
Überschrift des 15./16. Jahrhunderts: *littera zu dem licht vor der zwelifpoten alter*

Rubrum:
Überschrift des 15./16. Jahrhunderts: *XI viertl wein pergkrecht und 72 d gült*

[a]) *i* aus *e* verbessert.
[b]) *von* aus Versehen zweimal geschrieben.
[c]) Vermerk des 15./16. Jahrhunderts am rechten Rand: *dienst am Sauruessl 72 d.*

1398 Dezember 3, Perchtoldsdorf 43

Kathrey Velcel, ihr Sohn *Niklas* und dessen Ehefrau *Gedrawt*, alle in Brunn ansässig, verkaufen 1 *tl Wr. d* Burgrecht auf ihrem Haus samt Zubehör, das in Brunn gelegen ist, um 10 *tl Wr. d* an die Frauenzeche, die das Recht auf Zwispildklage hat. Es besteht eine Ablösemöglichkeit um 10 *tl Wr. d* und den nächsten Burgrechtsdienst.

Siegler: 1. *Hanns der Pawr*, Verweser der Pfarrkirche zu Perchtoldsdorf mit dem Siegel des *Albrecht von Weidenberg*[1]), Pfarrer von Perchtoldsdorf
2. *Hanns der Lang*, Marktrichter zu Perchtoldsdorf

KB: *fol.* 29v–30r.
Lit.: Petrin, Perchtoldsdorf 106, 410 (Anm. 9); 198, 456 (Anm. 36).

[1]) Petrin, Perchtolsdsdorf 262.

1399 Dezember 22, Perchtoldsdorf 44

Niclas der Reteich aus Perchtoldsdorf und seine Frau *Elzzpet* verkaufen 1 *tl Wr. d* Burgrecht, das auf ihrem Weingarten in der Peunt in Perchtoldsdorf liegt, um 10 *tl Wr. d* an die Frauenzeche, die diese Geldsumme von *Hanns dem Lang*, Marktrichter zu Perchtoldsdorf, für eine Meßstiftung[1]) erhalten hat. Die Frauenzechen hat das Recht auf Zwispildklage; dem Aussteller wird die Möglichkeit zur Ablöse um 10 *tl Wr. d* und den nächsten Dienst eingeräumt.

Siegler: 1. *Albrecht von Weidenberg*[2]), Pfarrer von Perchtoldsdorf und Grundherr des Weingartens
2. *Chunrat der Polczel*, Judenrichter zu Perchtoldsdorf

KB: *fol.* 30r–31r.
Lit.: Petrin, Perchtoldsdorf 198, 456 (Anm. 36); 245, 483 (Anm. 87); 249, 485 (Anm. 14); 252, 487 (Anm. 36); 275, 505 (Anm. 88).

[1]) Vgl. Nr. 9.
[2]) Vgl. Anm. 1 zu Nr. 43.

1359 Jänner 8 45

Ott an dem Perg verkauft in seiner Funktion als Zechmeister der Frauenzeche einen Weingarten, *Gesucherl* genannt, der am Lindberg in Perchtoldsdorf liegt, gegen eine jährlich zu leistende Burgrechtszahlung von einem halben *tl Wr. d* an *Heinreich den Raiden* und dessen Gemahlin *Wentlein*. Sollte der Käufer den Weingarten nicht ordnungsgemäß bewirtschaften, fällt er an die Frauenzeche zurück, die ihn weiter vergeben darf.

Siegler: 1. *Hainreich der Wurmprant*[1]), Pfarrer zu Perchtoldsdorf und Bergherr des Weingartens
2. *Rueger* aus Perchtoldsdorf, Sohn *Hainreichs des alten Richters*

KB: *fol.* 31r–31v.

Ich Ott an dem Perg, ze den zeiten zechmaister ze Perchtolczdorff und wir, die gemain doselbs, veriehen und tun chund mit dem prief allen den, dy in sehent oder horent lesen, daz wir mit gutem willen, mit wolverdachtem mut ze der zeit, do wir iz [*wol*][a]) *getun mochten, und mit unsers perchherren hant, des* [*erb*][a])*ern herren, hern Hainreichs des Wurmprants, ze den z*[*eiten*][a]) *pharrer ze Perchtolczdorf, recht und redleich verchauft haben auz unser frawn zech ze Perchtolczdorf ain weingarten, gelegen doselbs an dem Lymperg zenegst Andres dez Zerrer weingarten von Prunn und hayzzet daz Gesucherl, do man all jar von dient dem vorgenanten unserm perchherren hern Hainreichen dem Wurmprant, pharrer ze Perchtolczdorf, ain halbs viertail weins ze perchrecht und ain ort ze voytrecht und nicht mer. Denselben weingarten haben wir verchauft und geben mit all dem nucz und rechten, als er in perchrechtes gewer und mit alter herchomen ist, umb ain halb phunt Wienner phennig geltes ewigs purchrechtes dem erbern man Heinreichen dem Raiden und Wentlein seiner hausfrowen und allen irn erben furbaz ledichleich und freyleich ze haben und allen irn frumen domit ze schaffen, verchauffen, verseczen und geben, wem si wellent, an allen irsall. Und haben wir in den weingarten also ze chauffen gegeben, daz si all jar furbaz an sand Mertteinstag in unser frown zech ze Perchtolczdorf daz egenant halb phunt geltes dienen schullen mit all dem rechten, als man ander purchrecht in dem land ze Osterreich dient. Wer aber daz, ob der egenant Hainreich der Raid oder sein erben den weingarten nicht in gutem paw hieten oder ob si den dienst ze rechten tegen nicht dienen wolten und uber des zechmaister willen innehieten, so schol dann der zechmaister unser frown zech ze Perchtolczdorf, wer der sey, den egenanten weingarten aynem andern mit der gemain rat ingeantwurten mit all dem nucz und rechten, alz in der obgenant Hainreich der Raid innehat gehabt. Und durch pezzer sicherhait, so secz ich mich obgenanter Ott der zechmaister, oder wer do zechmaister ist, uber den egenanten weingarten Hainreichen dem Raiden und allen seinen erben ze rechtem gevern und scherm fur all ansprach, alz perchrechtes recht ist und des landes recht in Osterreich. Und schullen si daz haben unverschaidenleich auf mir obgenanten Otten dem zechmaister und auf all den, die nach mir zechmaister do wernt. Und daz der chauff furbaz stet und unczebrochen beleyb, darumb so gib ich in obgenanter Ott der zechmaister ze Perchtolczdorf den prief ze ainem offenn urchund der vorgeschriben sach, versigelten mit des vorgenanten unsers perchherren insigel, den wir des gepeten haben, das er sein insigel gelegt hat an den prief. Und haben auch gepeten den erbern man Ruegern, hern Hainreich[s d]*[a]*)es alten richter sun ze Perchtolczdorf, daz er ze zeug[nus]*[a]*) [sein] insigel gelegt hat an den prief, der geben ist nach Christi gepurd drewczehenhundert jar darnach in dem newnundfumfczigistem jar an sand Erhartztag etc.*

Rubrum:
Überschrift des 15./16. Jahrhunderts: *Ain weingarten in Lynnperigen dint in unnser frawn zech zu purkrecht IIII ß d alle jar.*

[a]) Loch im Papier.

[1]) Vgl. Anm. 1 zu Nr. 26.

1399 Dezember 4 46

Janns der Pawr aus Perchtoldsdorf und seine Gemahlin *Kathrey* verkaufen 3 *tl Wr. d* Burgrecht auf ihrem Haus samt Zubehör, das im Perchtoldsdorfer Ortsteil Im Holz liegt, um 30 *tl Wr. d* an die Frauenzeche, die diese Summe von *Hanns dem Lang*, Marktrichter zu Perchtoldsdorf, zum Zweck einer Lichtstiftung vor dem Sankt Katharinenaltar[1]) erhalten hat. Bei Zahlungsverzug seitens der Burgrechtsschuldner wird der Frauenzeche die Möglichkeit der Zwispildklage eingeräumt. Die Ablöse kann durch Bezahlung von 30 *tl Wr. d* und den nächsten Dienst erfolgen.

Siegler: 1. *Hanns der Lang*, Richter zu Perchtoldsdorf
2. *Niclas der Turnkart*, Bürger zu Perchtoldsdorf

KB: *fol.* 31[v]–32[v].
Lit.: Petrin, Perchtoldsdorf 252, 487 (Anm. 36).

Ich Janns der Pawr ze Perichtolczdorff, gesessen in dem Holcz, und ich Kathrey sein hawsfraw wir vergehen und tun chund offenleich mit dem prief, das wir mit unser erben gueten willen und chunst, mit wolbedachtem mut zu der zeit, do wir es ze recht wol getun mochten, und mit des erbern manns hant Hannsen des Langen, dyzeit markchtrichter ze Perchtolczdorff und verbeser der gueter, dy do gehornt in dy purkch doselbs von der edeln und hochgeporn furstinn frawn Beatricze von Nurnberkch, yczund herczogin in Osterreich etc., verchauft haben drew phunt Wienner phennig gelts purkchrechts auf unserm haws und was darzu gehort, gelegen ze Perchtolczdorff in dem Holcz zenegst Jansen haws des Zodelpekchen doselbs, dovon man alli jar dient der egeschriben, edln, hochgeborn furstinn in ir purkch ze Perchtolczdorf zwelif Wienner phennig an sand Michelstag, zway hunr ze Vaschang, zwen chas und vierundzwainczkch aier ze Ostern und zway tagwerich in dem snidt ze gruntdienst und nicht mer. Dyselben vorgenanten drew phunt Wienner phennig gelts purkchrechts haben wir auf dem egenanten unserm haws und was darzugehort recht und redleich verchauft und geben in unser frawn zech ze Perichtolczdorf umb dreyssikch phunt Wienner phennig, der uns der erber man Fridreich der Tunawer, diezeit zechmaister und verbeser derselben unser frawn zech doselbs, gancz verricht und gewert hat; und ist auch dasselb gelt herchomen von Hannsen dem Langen, diezeit richter ze Perichtolczdorf, das er geben hat zu einem ewigen liecht, daz do prynnen sol vor sand Kathreinalter ewichleich in der pharrchirichen ze Perchtolczdorf. Also mit ausgenomen worten, daz wir und all unser erben und nachchomen, dy daz egenant unser haws noch uns innehabent und pesiczent, alli jar davon dienen und raichen schullen drew phunt Wienner phennig an sand Mertentag mit alli den nuczen und rechten, als man ander purchrecht dient in dem lande ze Osterreich; und sullen mit dem ersten dienst anheben nu an sand Mertentag, der nu schirist chumpt. Und wenn der dienst versessen wirt, so ist dan auf daz vorgenant unser haws und seiner zugehorung vor dem amptman oder vor seinem anwalt ze fragen ze vierczehen tagen und zwispild darauf ze haben, alz umb versessens purkchrechts recht ist und des landes in Osterreich. Wir haben auch vollen gewalt und recht, die vorgenanten drew phunt gelts purkchrechts wider abzelosen, wenn wir und unser erben und nachchomen daz getun mugen oder wellen miteinander, mit dreyssikch phunten Wienner phennigen und dem negsten dienst, domit der den dovon ze dienen gevellet, an allen chrieg. Wir sein auch derselben drew phunt gelts purkchrechts auf dem egenanten unserm haws und was darczugehort der obgenanten unser frawn zech recht gewern und scherm fur all ansprach, alz purkchrechts recht ist und des landes in Osterreich. Get ir furbas daran ich ab mit recht, waz si des dan schaden nimpt, daz schol diselb zech haben auf uns und unsern erben unverschaidenleich und auf alli dem guet, daz wir haben in dem lannd ze Osterreich, wir sein lebentig oder tode. Und wann wir selb nicht aygens insigel enhaben, daruber so geben wir in die egenanten unser frawn zech den prief, versigilt mit des egenanten erbern manns insigil Hannsen des Langen, dyzeit richter ze Perichtolczdorf, und haben auch vleizzichleich gepeten Niclasen den Turnkarten, purger doselbs, daz er der sach gezeug ist mit seinem anhangunden insigil, im an schaden. Under den egenanten insigilen wir uns verpinden mit unsern trewn, alles stet ze haben, daz in dem prief geschriben stet, der geben ist noch Christi gepurd drewczehenhundert jar darnach in dem newnundnewnczigistem jar an sand Barbaratag der heyligen junchkfrawn etc.

Rubrum:
Überschrift des 15./16. Jahrhunderts: *Rauscher haws im Holcz III tl d purkrecht*

[1]) Vgl. Nr. 9.

1414 April 2 47

Dyettreich der Newsteter und seine Gemahlin *Elspet* verkaufen 1 *tl Wr. d* Burgrecht auf ihrem Weingarten in Perchtoldsdorf im Gereut um 10 *tl Wr. d* an die Frauenzeche. Die jährlichen Burgrechtseinkünfte sollen zwei Kantoren und Kaplänen der Pfarrkirche in Perchtoldsdorf zustehen. Bei Zahlungssäumigkeit der Aussteller hat die Frauenzechen das Recht auf Zwispildklage. Das Burgrecht kann um 10 *tl Wr. d* und den nächsten Dienst abgelöst werden.

Siegler: 1. *Wernhart der Hawg*, Bürgermeister zu Perchtoldsdorf
2. *Peter der Stainpekch*, Bürger zu Perchtoldsdorf

KB: *fol.* 32^{v}–33^{r}.
Lit.: Petrin, Perchtoldsdorf 126, 422 (Anm. 16); 198, 456 (Anm. 36); Petrin, Geschichte Perchtoldsdorf 103, 181 (Anm. 163).

1397 Dezember 6 48

Janns der Rosel aus Perchtoldsdorf und seine Ehefrau *Anna* verkaufen 1 *tl Wr. d* Burgrecht auf ihrem Haus und der angrenzenden Weingartensetz, gelegen in Perchtoldsdorf in Arnstetten, um 10 *tl Wr. d* an die Frauenzeche, die dieses Geld von Frau *Chunigund der Rwdlyebinne* aus Perchtoldsdorf erhalten hat. Bei Zahlungsverzug hat die Frauenzeche das Recht auf Zwispildklage; eine Ablöse ist um 10 *tl Wr. d* und den nächsten Dienst möglich.

Siegler: 1. Graf *Hermann* von Cilli, Grundherr des Hauses und der Weingartensetz
2. *Niclas der Turnkchart*, Bürger zu Perchtoldsdorf

KB: *fol.* 33^{v}–34^{r}.
Lit.: Petrin, Perchtoldsdorf 185, 447 (Anm. 20); 261, 497 (Anm. 13).

1397 August 6 49

Elspet, Witwe von *Lewppold dem Schell*, ihre Söhne *Hanns*, *Jorig* und *Nyklas*, alle aus Perchtoldsdorf, verkaufen 2 *tl Wr. d* Burgrecht auf ihrem halben Haus samt Zubehör, gelegen am Marktplatz in Perchtoldsdorf, um 20 *tl Wr. d* an die Frauenzeche, die bei Zahlungssäumigkeit das Recht auf Zwispildklage hat. Eine Ablöse ist um 20 *tl Wr. d* und den nächsten Dienst möglich.

Siegler: 1. *Albrecht von Weidenberg*[1]), Pfarrer zu Perchtoldsdorf und Grundherr des halben Hauses
2. *Janns der Lang*, Marktrichter zu Perchtoldsdorf

KB: *fol.* 34^{v}–35^{r}.
Lit.: Petrin, Perchtoldsdorf 198, 456 (Anm. 36); 245, 483 (Anm. 87).

[1]) Siehe Anm. 1 zu Nr.43.

1414 April 21 50

Ulreich Lewtwein aus Perchtoldsdorf und seine Ehefrau *Kathrey* verkaufen 1 *tl Wr. d* Burgrecht auf ihrem Haus samt Zubehör in der Hochstraße in Perchtoldsdorf um 10 *tl Wr. d* an die Frauenzeche, die bei Zahlungsverzug das Recht auf Zwispildklage hat. Die Aussteller haben die Möglichkeit, das Burgrecht um 10 *tl Wr. d* und den nächsten Dienst abzulösen.

Siegler: 1. *Wernhart der Hawg*, Bürgermeister zu Perchtoldsdorf
2. *Peter der Stainpekch*, Bürger zu Perchtoldsdorf

KB: *fol.* 35^{r}–36^{r}.
Lit.: Petrin, Perchtoldsdorf 42.

1415 Dezember 4 51

Hanns der Humel, Fleischhauer in Perchtoldsdorf, und seine Gemahlin *Anna* verkaufen 2 *tl Wr. d* Burgrecht auf ihrem Haus samt Zubehör, das im Perchtoldsdorfer Ortsteil Neustift liegt, um 20 *tl Wr. d* an die Frauenzeche, die diese Summe von dem verstorbenen *Mathes dem Henndlein* für eine Jahrtagsstiftung erhalten hat. Die Zeche hat das Recht auf Zwispildklage bei Zahlungsverzug; die Ablöse ist um 20 *tl Wr. d* und die nächste Abgabe möglich.

Siegler: 1. *Hanns der Polczel*, Marktrichter zu Perchtoldsdorf und landesfürstlicher Verweser
2. *Wernhart der Hawg*, Bürgermeister zu Perchtoldsdorf

KB: *fol.* 36r–37r.
Lit.: Petrin, Perchtoldsdorf 198, 456 (Anm. 36).

1394 Dezember 20, Perchtoldsdorf 52

Diettreich der Pawr aus Perchtoldsdorf und seine Gemahlin *Angles* verkaufen 6 *tl Wr. d* Burgrecht auf ihrem Haus samt Zubehör in der Knappenstraße in Perchtoldsdorf um 8 *tl Wr. d* an die Frauenzeche. Dieser Geldbetrag wurde von *Chunrat dem Mundler* aus Perchtoldsdorf, Sohn des *Cholman Mundler*, im Auftrag von *Albrecht dem Holczer* und *Chunrat dem Derrengast*, beide bereits verstorben, zum Zweck der Dotationsverbesserung eines ewigen Lichtes vor dem Sankt Nikolausaltar in der Pfarrkirche von Perchtoldsdorf der Zeche übereignet. Die Frauenzeche hat das Recht auf Zwispildklage bei Zahlungssäumigkeit der Burgrechtsschuldner. Die Ablöse kann durch den Kauf eines anderen Grundstückes im Wert von 16 *tl Wr. d* erfolgen.

Siegler: 1. *Janns der Lang*, Marktrichter zu Perchtoldsdorf
2. *Peter der Rawter* aus Perchtoldsdorf

KB: fol 37r–38r.
Lit.: Petrin, Perchtoldsdorf 251, 486 (Anm. 29); 269, 500 (Anm. 52).

Ich Diettreich der Pawr ze Perchtolczdorff und ich Angles sein hausfraw und all unser erben wir vergehen und tun chund offenleich mit dem prief, daz wir mit aller unser erben guetem willen und gunst, mit wolbedachtem mut zu der zeit, do wir ez mit recht wol getun mochten und mit des erbern manns hant, Jannsen des Langen, diezeit markchtrichter zu Perchtolczdorff und verbeser der gueter, die do gehorent in die purkch doselbs, verchaufft haben sechs schilling Wienner phennig gelts purkchrechtes auf unserm haws und auf alle dew, und darczu gehort, gelegen ze Perichtolczdorff in der Chnappenstrazs zenegst Nyclos haws, Andres sun von Rein, und do man alle jar von dient in die vorgenanten purkch ze Perichtolczdorff dreyssig Wienner phennig an sand Michelstag und drew huner zu Vaschang und vier ches und vierundzwainczikch ayr zu Ostern und drew tagwerich in dem snitt ze gruntdienst und nicht mer. Die vorgenanten sechs schilling Wienner phennig gelts purchrechts haben wir auf dem vorgenanten un-

serm[a]) haws recht und redleich verchaufft und geben in unser frawn zeche ze Perchtolczdorf zu[b]) dem liecht, daz do prynnet vor sand Nyclosalter in der pharrchirichen zu Perchtolczdorff, umb acht phunt Wienner phennig, der uns der erber man Lewppolt der Schell ze Perchtolczdorff, dyzeit zechmaister der vorgenanten unser frawn zech doselbs, gar und gancz verricht und gewert hat und die Chunrad der Mundler, Cholmans dez Mundler sun, ze Perchtolczdorff in dyselben zeche zu dem vorgenanten liecht, daz do prynnet vor sand Nyclosalter, gemacht und geben hat durich Albrechts dez Holczer und durich Chunrads des Derrengast sel willen, den Got genad. Also beschaidenleich, daz wir und unser erben oder wer daz egenant unser haws noch uns innehab und pesiczet dye egenanten sechs schilling geltz in dy obgenanten zech zu dem liecht, das vorbenant ist, furbaz alle jar davon dienen schullen miteinander zu weynachten mit all dem nucz und rechten, alz man ander purchrecht dient in dem lannd ze Osterreich. Und schullen mit dem ersten dienst anheben zu dienen von den negsten weinachten uber ain jar. Und wann der dienst versezzen wirt, so ist dann furbaz ye ze vierczehen tagen vor dem amptman darauf ze fragen und zwispild darauf ze haben, als umb versezzens purchrecht recht ist in dem lannde ze Osterreich. Wir haben auch vollen gewalt und recht, dy vorgenanten sechs schilling gelts abczelosen und ze chaufen, wann wir daz getun muegen oder wellen miteinander mit andern sechs schilling gelts purkchrechtes, die alz guet sein und auf einem erben gelegen sein, daz wol sechczehen phunt Wiener phennig wert sey. Und sol dy lesung geschehen mit willen und nach rat des zechmaisters, wer der sey, der dy vorgenanten unser frawn zeche ze Perichtolczdorf dyweil innehat, und auch noch rat der purger doselbs, also daz dy vorgeschriben sechs schilling gelts pey der zeche ze Perichtolczdorff zu dem liecht, alz vorgeschriben stet, furbaz ewichleich beleyben schullen. Und durich pezzer sicherhayt willen, so seczen wir uns, ich obgenanter Dyetreich der Pawr und ich obgenantew Angles sein hausfraw mitsampt all unsern erben uber dy vorgenanten sechs schilling gelts purkchrechts auf dem egenanten unserm haws der oftgenanten unser frawn zeche zu dem vorgenanten liecht zu rechtem gewer und scherm fur all ansprach, alz purchrechtes recht ist in dem land ze Osterreich. Get derselben zeche furbaz daran icht ab oder ob sy mit recht icht chriegs oder ansprach darauf gewinne, von wem daz wer, und swas sy dez schaden nem, das schullen wir alles ausrichten und widerchern, als verre daz sy genugt. Und sol auch sy daz haben auf uns unverschaidenleich und auf all dem guet, das wir haben in dem lannd ze Osterreich, oder wo wir ez haben, wir sein lembtig oder tod. Und wann wir selber aygens insigels nicht enhaben des zu einem offen und waren urchund der sach, so geben wir dy in dy obgenanten unser frawn zeche den prieff, versigelten mit dez obgenanten Jannsen dez Langen insigil, diezeit marchtrichter zu Perchtolczdorff, und mit des erbern manns insigel Petreins dez Rawter, dyzeit gesezzen doselbs, den wir des vleizzichleich gepeten haben, daz er der sach geczeug ist mit seinem insigil, im an schaden. Wir verpinden uns auch mit unsern trewn an gewer under den obgenanten insigilen, alles daz stet ze haben und ze laysten, daz vorgeschriben stet an dem prief, der geben ist ze Perchtolczdorff nach Christi gepurde drewczehenhundert jar darnach in dem vierundnewnczgistem jare an sand Thomansobent des heyligen zweliffpoten etc.

Rubrum:
Überschrift des 15./16. Jahrhunderts: *Ain haws in der Knappmstras dint zu purkhrecht alle jar zu dem liecht vor sannd Niclasaltar zu Weichnachtn VI ß d in der pharrkirichn zu Bertolzdorff*

[a]) *m* aus *s* verbessert.
[b]) *zu* aus *in* verbessert.

1400 Februar 25 53

Anna, Witwe des Michel *Chinig* aus Perchtoldsdorf, verkauft 1 *tl Wr. d* auf ihrem Haus samt Zubehör in Perchtoldsdorf um 10 *tl Wr. d* an die Frauenzeche, die diese Summe von *Hanns dem Lang*, ehemaliger Richter zu Perchtoldsdorf, für eine ewige Messe auf dem Sankt Katherinaltar[1]) in der Pfarrkirche zu Perchtoldsdorf erhalten hat. Bei Zahlungsverzug hat die Zeche das Recht auf Zwispildklage. Das Burgrecht kann durch Zahlung von 10 *tl Wr. d* und den nächsten Dienst abgelöst werden.

Siegler: 1. *Leb der Nustarffer*, Marktrichter zu Perchtoldsdorf
2. *Nyclas der Turnkchart*, Bürger zu Perchtoldsdorf

KB: *fol.* 38r–39r.
Lit.: Petrin, Perchtoldsdorf 249, 485 (Anm. 14); Petrin, Geschichte Perchtoldsdorf 99, 181 (Anm. 155).

[1]) Vgl. Nr. 9.

1342 November 11, Perchtoldsdorf 54

Chunrat der Gmainer und seine Frau *Elspet* verkaufen ein halbes *tl Wr. d* Burgrecht gelegen auf einen Viertel Weingarten am Viener in Perchtoldsdorf um fünfeinhalb *tl Wr. d* an die Perchtoldsdorfer Pfarrkirche. Der genannte Geldbetrag von einem halben *tl Wr. d*, der jährlich an den Zechmeister der Frauenzeche zu entrichten ist, kann durch den Kauf einer anderen Burgrechtsrente in der gleichen Höhe abgelöst werden.

Siegler: Bergsiegel der Elisabeth [von Virneburg], Witwe Herzog Heinrichs

KB: *fol.* 39r–39v.
Lit.: Petrin, Perchtoldsdorf 97, 402 Anm.43); 106, 410 Anm.9); 118, 414f. (Anm. 14); 198, 456 (Anm. 36).

Ich Chunrat, des Gmainer sun, und ich Elspet sein hausfraw und unser erbm, wir veriehen und tun chund allen den, dy disen prieff lesent, sehent oder horent lesen, dy nu lebent oder hernach chunftig sind, daz wir mit gesampter hant, mit verdachtem mut, mit gunst und willen aller unser erbm und zu der zeit, do wir es woll getun mochten, und mit des perkchmaisters hant hern Seifrides, purger ze Perchtolczdorff, haben verchaufft ein halb phunt gelts Wienner phennig dem gothaws ze Perchtolczdorff umb fumfthalb phunt phennig Wienner munzz, der wir gar und gancz gewert sein, daz da leyt auf ein viertayl ains[a]) *weingarten an dem Viener, zenegst Cholmans dez Mumler aedem, da man alle jar von gett ze perchrecht drew viertail weins und zwen voytphennig und nicht mer, und schull wir dasselb halb phunt dien alle jar Hayligentag dem zechmaister ze Perchtolczdorff, wer der sey, der unser frawn zech innehab. Und wo wir oder unser erben denselben dienst versessens, daz wir nicht dientn dazselb halb phunt, alz vor verschriben stet an Allerhayligentag, so schol derselb zechmaister fragen auf dazselb viertaill, und wir schullen im daz pezzern, alz im ein recht ertaylt. Stuend chain chrieg auf dazselb viertaill, da der vorgenant dienst mocht von abgen oder gechrencht werden, daz schull wir ausrichten gancz und gar und geluben, daz so laisten mit unsern trewn. Also peschaydenleich, wann wir oder unser erbm chauffen ein ander halb phunt gelts dem egenanten gothaws, daz alz gut sey alz daz und dem pharrer und dem zechmaister und den purgern gemainchleich woll gevall, so scholl daz egenant viertaill weingarten ledich sein wider als ee. Und seit wir und der vorgenant pergmaister nicht aygner insigel haben, so geb wir disen prieff zu aynem waren urchund und geczeug diser sach, versigilt mit der hochgeporn fuerstin perkchinsigil wrawn Elspettn, herczog Hainreichs selig witwe von Osterreich, dy diser sach geczeug ist mit irn perkchinsigel. Diser sach sint auch geczeug dy erbern lewt Gotfrid der Heczel, Leubel im Egen, Ott der Gmainer, Chunrat sein pruder, Haynreich Tuernkchart, Sighart pey dem Tor und ander erber leut genuech, den dy sach woll chunt ist. Der prief ist geben dez jars man von Christi gepurd zalt drewczehenhundert jar darnach in dem zwayundviertzgistem jar an sand Mertentag ze Perchtolczdorff etc.*

Rubrum:
Überschrift des 15./16. Jhs.: *Ain viertl ains weingartnns in Vienern gelegen diennt man an Allerheylingtag in die zech unnser frawn IIII ß d.*

[a]) In der Quelle irrtümlich *weins*.

1344 Mai 12, Wien 55

Chunrat der Sporer aus Perchtoldsdorf, und seine Gemahlin *Margret* verkaufen 12 *ß Wr. d* Burgrecht auf ihrem Viertel Weingarten, gelegen in Perchtoldsdorf auf dem Sonnberg, um 12 *tl Wr. d* an die Frauenzeche, die dieses Geld von dem verstorbenen *Wernhart* in der Knappenstraße[1]) und *Ruger*, dem Richter zu Perchtoldsdorf, zum Zweck einer Seelgerätstiftung erhalten hat. Die Ablöse kann durch den Kauf einer anderen Burgrechtsrente von 12 *ß Wr. d* erfolgen. Im Falle der Zahlungssäumigkeit seitens der Aussteller hat die Frauenzeche das Recht auf Zwispildklage.

Siegler: 1. Bergsiegel der Johanna [von Pfirt], Herzogin von Österreich
2. *Chadolt der Vorhinger*

KB: *fol.* 39[v]–40[v].
Lit.: Petrin, Perchtoldsdorf 35, 378 (Anm. 9); 95, 397 Anm.4); 198, 456 (Anm. 36); Petrin, Geschichte Perchtoldsdorf 52, 175 (Anm. 22).

[1]) *Wernhart* in der Knappenstraße ist höchstwahrscheinlich mit *Wernhart* von Weitersfeld identisch; vgl. Petrin, Perchtoldsdorf 397 (Anm. 4).

1421 Juni 13 56

Hanns der Punkler aus Brunn und seine Gattin *Anna* verkaufen 1 *tl Wr. d* Burgrecht auf ihrem Weingarten in Brunn um 10 *tl Wr. d* an die Frauenzeche, die bei Zahlungsverzug das Recht auf Zwispildklage hat. Eine Ablöse um 10 *tl Wr. d* und den nächsten Dienst wird eingeräumt.

Siegler: 1. Siegel der St. Kunigundenzeche zu Brunn, Grundherrschaft des Weingartens
2. *Wolfgang der Aczenpekch* aus Brunn

KB: *fol.* 40^{v}–41^{r}.

1326 März 28, Wien 57

Wolfker von Rodaun und seine Ehefrau *Leukart* verkaufen ihren Hof in Brunn samt Zubehör an *Marchart den Raizz* und dessen Gattin *Elspet*. Die Käufer verpflichten sich, jährlich 10 *d* Wr. Münze als Grunddienstabgabe an die Burgkapelle zu Wien zu zahlen, sowie einen jährlichen Burgrechtsdienst von 3 *tl d* an die Frauenzeche zu entrichten, die davon 12 *ß d* für einen von den Ausstellern gestifteten Jahrtag verwenden soll. Bei Zahlungsverzug besteht ein Recht der Frauenzeche auf Zwispildklage. Die Verkäufer verbieten, das genannte Grundstück an Juden zu versetzen oder zu verkaufen.

Siegler: *Ulreich* von Kirchberg, Grundherr des Hofes

KB: *fol.* 41^{v}–42^{r}.
Lit.: Petrin, Perchtoldsdorf 118, 414 (Anm. 13).

1339 Oktober 26, Wien 58

Chunrat von Franzenshausen und seine Gattin *Gedraut* verkaufen von zwei Lehensgütern in Möllersdorf eine jährliche Rente in der Höhe von 1 *tl Wr. d* um 13 *tl Wr. d* an die Frauenzeche.

Siegler: 1. *Chunrat* von Franzenshausen
2. Ritter *Fridreich der Heuzz* von Laxenburg

KB: *fol.* 42^{r}–42^{v}.

1362 März 17 59

Ott an dem Perg, Bürger zu Perchtoldsdorf, und seine Ehefrau *Gedraut* stiften der Frauenzeche eine ewige Burgrechtsrente von 1 *tl Wr. d* auf ihrem Weingarten, gelegen in Brunn an den Langäckern, zum Zweck der Errichtung eines Seelgerätes, das man nach dem Ableben *Otts* abhalten soll. Wenn die Erben oder späteren Besitzer des Weingartens der jährlich zu leistenden Zahlung nicht nachkommen, so soll der Zechmeister der Frauenzeche vor dem grundherrlichen Gericht auf Zwispild klagen.

Siegler: 1. *Gedrawt die Seczerinn*, Äbtissin des Sankt Niklasklosters in Wien, Bergherrin des Weingartens
2. *Janns der Stainpekch* aus Perchtoldsdorf

3. *Rudolf* aus Perchtoldsdorf, Sohn [*Hainreichs*] des alten Richters

KB: *fol.* 42v–43r.
Lit.: Petrin, Perchtoldsdorf 187, 448 (Anm. 39).

Ich Ott an dem Perg, purger ze Perchtolczdorff, und ich Gedraut sein hausfrawe und unser erben tun chund mit dem prief, daz wir angesehen haben menschleich chrankchait und unser sel notdurft, also daz wir mit gesampter hant und mit gesuntem leib zu der zeit, da wir ez wol getun mochten, und mit unser perchvrown hant, der erbern geistleichen frawn swester Gedrauten der Seczerin, zu den zeiten aptessinn dez geistleichen vrowenchloster dacz sand Nyclas ze Wienn, geschafft und gegeben haben in unser frawn zech ze Perichtolczdorff ain phunt Wienner phennig purchrecht ewiges geltes, uns und unsern vodern und nachkomen ze selgeret ze dienen all jar miteinander nach meines Otten an dem Perg tod des negsten suntags nach sand Mertentag, alz purkchrechtes recht ist und des lanndes recht ze Osterreich, auf unserm weingarten, gelegen ze Prunn in den Langen Ekchern zenechst Thomans weingarten dez alten Ammans sun ze Perichtolczdorff, do man von dem egenanten unserm weingarten all jar dient den egenanten geystleichen frawn dacz sand Nyclas ze Wienn zweliff Wienner phennig ze perchrecht und nicht mer. Und wer daz, ob unser erben oder swer den vorgenanten weingarten nach uns besiczet, daz vorgenant phunt phennig geltes purchrechtes nicht dienten an dem tag, alz vorgeschriben stet, so schol unser frawn zechmaister ze Perichtolczdorff, wer der dyzeit sey, darauf vragen und chlagen umb zwispil ze vierczehen tagen, alz umb versezzens purchrechtes recht ist und des landes recht in Osterreich, vor der egenanten geistleichen frawen ze sand Nycla oder vor einem erbern man, der diezeit ir amptman ist ze Prun, alz lang uncz daz unser vrawen zech des vorgenanten phunt geltes purchrechtes und was zwispil darauf behabt ist ganczleich verricht und gewert werd, alz purkchrechtes recht ist und des landes recht ze Osterreich. Und auch durich pesser sicherhait willen seczen wir uns, ich obgenanter Ott an dem Perig und ich Gedraut sein hausfrawe, oder wer den weingarten nach uns innhat, der vorgenanten unser frawn zech ze Perichtolczdorff fur daz egenant phunt phennig geltes purkchrechtes ze rechter gewer und scherm fur all ansprach, als purchrechtes recht ist in dem land ze Osterreich. Und schol unser frawn zech oder wer dy zech innehat daz haben auf uns unverschaidenleich und auf allem unserm gut, daz wir haben in dem land ze Osterreich, wir sein lebentig oder tod. Und wan wir selber nicht aygner insigil haben, darumb so haben wir gepeten die vorgenanten unser perchfrown, die erbern geistleichen vrawen, vrown Gedrawten die Seczerinn, zu den zeiten aptessinn des chlosters ze sand Nyclas ze Wienn, daz si ze urchund der vorgeschriben sach ir insigil gelegt hat an denn prieff. Und haben auch gepeten dy erbern leut hern Jannsen den Stainpekchen und Rudolfen, des alten richter sun ze Perchtolczdorf, daz sy der sach auch zeug sind mit irn insigilen in und iren erben und irem gut an schaden. Der prief ist geben nach Christes gepurd drewczehenhundert jar darnach in dem zwayundsechczigisten jar an sand Gedrautentag etc.

Rubrum:
Überschrift des 15./16.Jahrhunderts: *de vinea Langen Ekchern.*

Rubrum:
Vermerk des 15./16.Jahrhunderts am linken Rand: *verkaufft*

1351 November 24 60

Nyclas Wilbirger aus Perchtoldsdorf erhält von der Frauenzeche ein Rechel Weingarten in der Winterhagenau zu Perchtoldsdorf, wovon der Frauenzeche jährlich ein Burgrechtszins von 80 *Wr. d* gegeben werden soll. Wenn der Weingarten nicht ordnungsgemäß bewirtschaftet wird, so hat die Frauenzeche das Recht, einen anderen Pächter zu bestimmen. Wird die Burgrechtsrente nicht bezahlt, erfolgt eine Zwispildklage.

Siegler: 1. *Eberhart*, Pfarrer von Mödling, Bergherr des Weingartens
2. *Hainreich der Wurmprant*[1]), Pfarrer von Perchtoldsdorf
3. *Janns von Wilhelmsburg*, Richter zu Perchtoldsdorf

KB: *fol.* 43^{r}–44^{r}.
Lit.: Petrin, Perchtoldsdorf 118, 415 (Anm. 14); 188); Petrin, Geschichte Perchtoldsdorf 61, 177 (Anm. 51); 99, 181 (Anm. 155).

[1]) Vgl. Anm. 1 zu Nr. 26.

1376 Juli 22 61

Anna aus Perchtoldsdorf, die Witwe *Seyfrits des Speh*, verkauft 1 *tl Wr. d* Burgrecht, gelegen auf ihrem Haus Im Holz, um 12 *tl Wr. d* an die Frauenzeche. Bei Zahlungssäumigkeit seitens der Burgrechtsschuldnerin hat die Frauenzeche das Recht auf Zwispildklage. Die Möglichkeit der Ablösung um 12 *tl Wr. d* samt dem nächsten Dienst ist gegeben.

Siegler: 1. *Ulreich der Leizzer*, Marktrichter zu Perchtoldsdorf
2. *Ruger der Waldner* aus Perchtoldsdorf

KB: *fol.* 44^{r}–44^{v}.
Lit.: Petrin, Perchtoldsdorf 41, 384 (Anm. 71); 218, 464 (Anm. 16); 269, 500 (Anm. 52).

1390 Oktober 13 62

Jorig Derrengast aus Perchtoldsdorf vermacht seiner Frau *Angnes* sein gesamtes bewegliches Gut und allen Grundbesitz. Nach dem Tod seiner Gattin soll ihr gemeinsamer Sohn *Jacob* als Erbe eingesetzt werden.

Siegler: 1. *Nyclas der Turnkchart*, Bürger zu Perchtoldsdorf
2. *Thaman der Radendorffer*, Bürger zu Perchtoldsdorf

KB: *fol.* 44^{v}–45^{r}.

1379 Jänner 27 63

Nyclas der Hairla, Zechmeister der Frauenzeche zu Perchtoldsdorf, und seine Ehefrau *Margret* stiften zu dem jährlich in jeder Quatember gefeierten gemeinen Jahrtag ihren dreieinhalb Rechel großen Weingarten namens Valsch, der am Herzogberg in Perchtoldsdorf liegt. Nach *Nyclas'* Ableben soll der Weingarten in den Besitz der Frauenzeche übergehen.

Siegler: 1. *Gotschalich der Inprukker*, Kellermeister der Herzöge von Östereich
2. *Jans der Ratenpurger*, Marktrichter zu Perchtoldsdorf
3. *Thoman der Radendorffer*, Bürger zu Perchtoldsdorf

KB: *fol.* 45^{r}–45^{v}.
Lit.: Petrin, Perchtoldsdorf 273, 504 (Anm. 73).

1388 Dezember 18 64

Nyclas Gegel, wohnhaft in der Krautgasse in Perchtoldsdorf, und seine Frau *Chunigund* bestimmen, daß bei Todesfall eines Ehepartners der andere Teil den gemeinsamen Besitz bis zu seinem Ableben innehaben soll. Danach soll der Nachlaß ausschließlich für religiöse und karitative Zwecke verwendet werden. Verwandte der beiden Eheleute sollen keinen Anspruch auf das Erbe haben.

Siegler: 1. *Jans der Lang*, Marktrichter zu Perchtoldsdorf
2. *Nyclas der Turnkchart*, Bürger zu Perchtoldsdorf

KB: *fol.* 46^{r}–46^{v}.
Lit.: Petrin, Perchtoldsdorf 42, 386 (Anm. 94); Petrin, Geschichte Perchtoldsdorf 51; 175 (Anm. 15).

1329 November 29 65

Hadweich, Witwe des *Chunrad* von Pottendorf, verkauft mit Zustimmung ihrer Kinder *Chunrad*, *Fridreich*, *Ott*, *Elspet*, *Alhaid* und *Margret* einen Hof und zwei dazugehörige Hofstätten nahe dem Sonnberg um sechseinhalb *tl Wr. d* an *Wolfker* von Rodaun, der sich verpflichtet, den für die drei Grundstücke zu leistenden Burgrechtszins von 3 *ß Wr. d* an die Pfarrkirche von Perchtoldsdorf zu leisten.

Siegler: 1. *Hadweich* von Pottendorf
2. *Chunrad* von Pottendorf, Sohn der *Hadweich*
3. *Fridrich* von Pottendorf, Sohn der *Hadweich*

KB: *fol.* 46^{v}–47^{r}.
Lit.: Petrin, Perchtoldsdorf 43, 387 (Anm. 106); 118, 414 (Anm. 13); 186, 447 (Anm. 27); 189, 450 (Anm. 60); 193, 452 (Anm. 8); 197, 455 (Anm. 30); 218; Petrin, Geschichte Perchtoldsdorf 52; 175 (Anm. 17); 52; 175 (Anm. 18); 90; 180 (Anm. 128).

1341 Mai 3, Perchtoldsdorf 66

Ruger, Richter zu Perchtoldsdorf, und seine Ehefrau *Pericht*, vermachen der Frauenzeche einen Weingarten am Kunigundberg, fünfeinhalb *ß Wr. d* von Gemüsegärten, 33 Pfund Wachs und 2 Brotbänke zum Zweck der Ausrichtung eines viermal jährlich zu begehenden Jahrtags.

Siegler: 1. *Ruger*, Richter zu Perchtoldsdorf
2. *Hainreich* von Eisenburg, Hofmeister der Elisabeth [von Virneburg], Witwe Herzog Heinrichs
3. *Ott* [von Wilhelmsburg][1]), Pfarrer von Perchtoldsdorf

KB: *fol.* 47ᵛ–48ʳ.
Lit.: Petrin, Perchtoldsdorf 38, 381 (Anm. 49); 254, 492 (Anm. 78); 273, 504 (Anm. 73); Petrin, Geschichte Perchtoldsdorf 50, 175 (Anm. 9).

[1]) Vgl. Petrin, Perchtoldsdorf 262; *Ott* von Wilhelmsburg war ein Bruder des Perchtoldsdorfer Marktrichters *Jans* von Wilhelmsburg.

1349 November 11, Perchtoldsdorf 67

Priester *Johannes*, Frühmesser in der Pfarrkirche zu Perchtoldsdorf, *Albert der Salegger*, Bürger zu Perchtoldsdorf, und *Ott an dem Perg*, Zechmeister der Frauenzeche, bestätigen das Testament des *Leupolt im Egen*, welcher der Pfarrkirche von Perchtoldsdorf, dem Pfarrer und der Frauenzeche genannte Geldzinse und Grundstücke vermacht. Außerdem wird *Chunrad Vroweins* Bruder mit einem halben Weingarten bedacht.

Siegler: 1. *Hainreich der Wurmprant*[1]), Pfarrer von Perchtoldsdorf
2. *Ruger*, Richter zu Perchtoldsdorf
3. *Rudolf* aus Perchtoldsdorf, Sohn *Hainreichs* des alten Richters

KB: *fol.* 48ʳ–48ᵛ.
Lit.: Petrin, Perchtoldsdorf 97, 402 (Anm. 43); 228, 475 (Anm. 61); 282, 509f (Anm. 128).

[1]) Vgl. Anm. 1 zu Nr. 26.

1417 Mai 28 68

Peter der Pawngartner, Bürger zu Perchtoldsdorf, verkauft mit Zustimmung seines Sohnes *Wolfgang 3 tl Wr. d* Burgrechtsrente von seinem am Perchtoldsdorfer Marktplatz neben den Brotbänken gelegenen Haus. Das Kapital soll zur Dotation eines auf Dauer von 40 Jahren abzuhaltenden Jahrtages für *Pawmgartners* verstorbene Schwester *Margret Turnchart* dienen. Der Frauenzeche wird das Recht auf Zwispildklage bei Zahlungssäumigkeit seitens der Burgrechtsschuldner eingeräumt.

Siegler: 1. *Peter der Pawngartner*, Bürger zu Perchtoldsdorf
2. *Wernhart der Hawg*, Bürgermeister zu Perchtoldsdorf und grundherrlicher Amtmann der Perchtoldsdorfer Pfarre
3. *Stephann der Sawringer*, Bürger zu Perchtoldsdorf

KB: *fol.* 48ᵛ–50ʳ.
Lit.: Petrin, Perchtoldsdorf 38; 40, 383 (Anm. 65); 97, 403 (Anm. 56); 98, 405 (Anm. 77); 117, 413 (Anm. 2); 245, 483 (Anm. 87); 274, 504 (Anm. 78); Petrin, Geschichte Perchtoldsdorf 50, 175 (Anm. 8).

Ich Peter der Pawngartner, purger ze Perchtolczdorff, vergich und tun kund offenleich mit dem prieff allen den, die in sehent, horent oder lesent, yczund lebentigen und hernach chunftigen, von des halben haws wegen, gelegen ze Perchtolczdorff an dem Viechmarkch zenegst dem Haynricze von sand Polten, daz do vormallen meiner swester frawn Margreten der Turnchartin seligen gewesen ist, darauf diselb egenant mein swester ain jartag mit drin phunt phennig gelts an irn lesten zeiten geschaft hat, und den ich und meinew chinder von dem egenanten halben haws pegen und ausrichten schol, alz lonng unczt ez gewern mag. Nu hab ich daz vorgenant halb haws mitsambt seiner zuhorung verchauft und geben umb hundert phunt und umb zwainczkch phunt Wienner phennig, die ich berait ingenomen und enphangen und auch zu meinem frumb und nucz angelegt hab; und fur diselben hundert phunt und zwainczkch phunt phennig hab ich zu einem furphant hinwidergesaczt mit wolbedachtem mut und mit gunst und willen meins suns Wolfgans, den ich pey meiner ersten hawsfrawn, frawn Elspeten seligen, Haynreichs des Pewrleins tochter, dem Got genad, gehabt hab, und zu der zeit, da ich ez mit recht wol getun mocht, und mit des erbern manns handt Wernharts des Hawgen, diezeit purchermaister ze Perchtolczdorff und stifter und storer aller der gueter, die do gehornt in den pharrhoff doselbs von des erbern herren wegen hern Hannsen des Voytsperger[1]*), diezeit pharrer ze Perchtolczdorff, mein haws mit aller seiner zuhorung, gelegen doselbs am Markch gegen den pratpenkchen uber ain ekk zenegst Lienharten dem Schreczen, davon man alle jar jerleichen dient in den pharrhoff ze Perchtolczdorff an sand Mertentag sechczikch Wienner phennig ze rechtem gruntdinst und nicht mer. Also mit ausgenomen warten, daz ich obgenanter Peter Pawngartner und der egenant mein sun Wolfgang, darnach all mein erben und nachkomen, die daz egenant haws mitsambt seiner zuhorung nach mir innehabent und pesiczent, hinfur dy obgenanten drew phunt phennig gelts in unser frawn zech ze Perchtolczdorff vierczikch jar nacheinander raichn und dienen sullen an allen abgankch, damit die obgenant sum gelts, darumb ich daz vorgenant halb haws verchauft hab, wider derfolt und derstat werd, und die dann ein yegleich zechmaister der egenanten unser frawn zech zu den vorgenanten jartag raichen und domit ausrichten sol albeg ze pegen im jar acht tag vor den heyligen Weynnachten an underlozz und an alles verczіechen und ungeverleichen. Und wenne wir dann an den egenanten drin phunt phennig gelts purchrechts sawmig wern oder wolten sein und die auf den obgenanten tag in die vorgenant unser frawn zech nicht raichen und geben, so ist denn ye ze vierczehen tagen vor dem amptman oder seinem anwalt darauf ze fragen und zwispild darauf ze haben, alz umb versezzens purchrecht recht ist und des lanndes recht in Osterreich. Und wann ich obgenanter Peter der Pawngartner und der egenant mein sun Wolfgang und all mein erben daz egenant haws mit seiner zuhorung wider ledigs wellen haben, so haben wir vollen gewalt und recht der obgenanten sum gelts, was der uber den vorgenanten jartag uberbeliben ist, an ain ander erb und stukch wider anzelegen und schullen daz tun nach der zechpruder willen und gunst, als verr uncz sew wol genugt, damit die obgenanten drew phunt phennig gelts pey dem obgenanten jartag die benanten vierczkch jar peleiben schullen. Und wann dann die egenanten vierczikch jar gancz aus und vergangen sind, so sein wir und all unser erben der egenanten drew phunt phennig gelts furbaz nymant mer phlichtig ze dienen, und ist dann daz vorgenant haws mitsambt seiner zuhorung ledig und lozz an all ye-*

mants irrung und widerred. Und pin auch ich obgenanter Peter der Pawngartner und der egenant mein sun Wolfgang und all mein erben unverschaidenleich uber die egenanten drew phunt gelts purchrechts auf dem vorgenanten haws mitsambt seiner zuhorung der egeschriben unser frawn zeche zu dem vorgenanten jartag, alz vorgemelt ist, ze rechtem gewer und scherm fur all ansprach, als purchrechts recht ist und des lanndes recht in Osterreich. Gett derselben zech furbas daran icht ob mit recht oder ob sy mit recht icht chrieg oder ansprach daran gewunnen mit recht, von wem daz wer, waz sy des schaden nem, daz schullen wir alles ausrichten und widercheren an allen iren schaden. Und sol man daz haben auf uns und auf all dem gut, ez sey erbgut oder vorund gut, daz wir haben in dem lannd ze Osterreich oder wo wir daz haben, wir sein lebentig oder tod. Und darumb so geben wir in die vorgenant unser frawn zech den prief zu einem waren urchund der sach, versigilt mit meinem vorgenanten Petern des Pawngartner aygen anhangen insigil und mit des obgenanten Wernhars des Hawgen, diezeit purgermaister und amptman uber daz vorgenant haws, aigen anhangen insigil. Darzu so haben wir vleizzichleich gepeten den erbern Stephann den Sawringer, purger ze Perchtolczdorff, daz er der sach geczeug ist mit seynen anhangen insigil, im und sein erben an schaden. Under die insigil ich mich egenanter Wolfgang verpind mit mein trewn, alles das stet ze haben und ze laisten, daz vor geschriben stet. Geben an freytag vor dem heyligen phincztag do man zalt vor Christi gepurd vierczehenhundert jar darnach in dem sybenczehenten jare etc.

Rubrum:
Überschrift des 15./16. Jahrhunderts: *Pangartner*

Rubrum:
Überschrift des 15./16. Jahrhunderts: *Margreths Turnkartin jortag auf 40 jar.*

[1]) Vgl. Mayer, Wiener Neustadt II/2 379 (Register), u. Petrin, Perchtoldsdorf 262.

1417 Oktober 16 69

Hensel der Polczel aus Perchtoldsdorf, Vetter des Marktrichters *Hans des Polczel*, verkauft 3 *tl Wr. d* Burgrecht auf seinem Haus samt Zubehör in der Hochstraße in Perchtoldsdorf um 30 *tl Wr. d* an die Frauenzeche. Von den 3 *tl Wr. d* Burgrecht werden 2 *tl Wr. d* zur Dotierung des Jahrtages von *Mathes dem Hendel* und 1 *tl Wr. d* für die Ausrichtung des Jahrtages von *Leopolt im Egen* verwendet. Bei Zahlungssäumigkeit besteht ein Recht der Frauenzeche auf Zwispildklage. Die Ablöse des Burgrechts kann entweder durch eine einmalige Zahlung von 30 *tl Wr. d* und den nächsten Dienst oder durch dreimalige Erlegung von 10 *tl Wr. d* und den nächsten Dienst erfolgen.

Siegler: 1. *Hans der Polczel*, Richter zu Perchtoldsdorf
2. *Wernhart der Hawg*, Bürgermeister zu Perchtoldsdorf

KB: *fol.* 50r–50v.

1350 Mai 12 70

Alber der Reuser aus Perchtoldsdorf und seine Gemahlin *Elizabeth* erhalten von der Frauenzeche einen am Saurüssel in Perchtoldsdorf gelegenen Weingarten, den die bereits verstorbenen Geschwister *Nyclas* und *Margreth Smidlein* aus Rodaun der Zeche zur Dotation einer Lichtstiftung vermacht haben. Für den genannten Weingarten ist jährlich ein Burgrechtszins von 60 *Wr. d* an die Frauenzeche zu bezahlen. Sollte der Weingarten nicht ordnungsgemäß bewirtschaftet werden, ist die Frauenzeche berechtigt, andere Pächter einzusetzen.

Siegler: 1. *Haynreich der Wurmprant*[1]), Pfarrer zu Perchtoldsdorf
2. *Rudolf* aus Perchtoldsdorf, Sohn [*Hainreichs*] des alten Richters

KB: *fol.* 51[r].
Lit.: Petrin, Perchtoldsdorf 192, 451 (Anm. 3).

[1]) Vgl. Anm. 1 zu Nr. 26.

1351 Juli 21 71

Wernhard Mendel aus Perchtoldsdorf und seine Ehefrau *Dorothe* erhalten von der Frauenzeche einen Weingarten am Zuckenmantel gegen jährliche Zahlung eines Burgrechtsdienstes von 13 *ß Wr. d.* Im Falle unordnungsgemäßer Bewirtschaftung kann die Frauenzeche den Weingarten an andere Personen verpachten. Bei Zahlungsverzug seitens der Pächter besteht ein Recht der Frauenzeche auf Zwispildklage.

Siegler: 1. *Ulreich der Streun*, Grundherr des Weingartens
2. *Haynreich der Wurmprant*[1]), Pfarrer zu Perchtoldsdorf
3. *Jans von Wilhelmsburg*, Richter zu Perchtoldsdorf

KB: *fol.* 51[r]–52[r].
Lit.: Petrin, Perchtoldsdorf 192, 451 (Anm. 3).

Ich Wernhard Mendel ze Perchtolczdorff und ich Dorothe sein hausfraw wir vergehen und tun chund allen den, dy disen prief sehent oder horent lesen, die nu lebent oder hernach chunftig sind, daz uns der erber man Ott an dem Perch, zu den zeiten zechmaister unser frawen zeche ze Perchtolczdorff, nach des erbern herren rat, hern Haynreichs des Wurmprandes[1]), *zu den zeiten pharrer daselbs, und nach der purger rat, der pesten, lazzen hat, und unser vrawen zech ze Perchtolczdorff eynen weingartakcher, gelegen an dem Zuchenmantel*[a]) *zenegst der Hertzzinne weingarten, da man alle jar von dient dem erbern herren hern Ulreichen dem Streunne oder sein erben oder swer den hof nach in besiczet in der Chnappenstrozze*[2]), *zwainczig Wienner phennig ze rechtem gruntrecht und nicht mer. Also beschaidenleich, daz wir oder unser erben alle jar an sand Merteinstag dienen schullen in unser frawn zech dem zechmaister, wer ze derselben zeit zechmaister ist, zehen und drey schilling Wienner phennig in allen dem nucz und rechten, alz man ander purchrecht in dem lannd ze Osterreich dient. Wer aver, daz wir oder unser erben oder swer den vorgenanten weingarten nach uns besiczet nicht in gutem paw hieten, davon der dienst gechrencht wurde, daz er davon abgieng, so schol sich der zechmaister, wer dyweil unser frawen zech innehat, des vorgenanten weingarten unterwintten und schol in nach des pharrer rat und nach der pesten purger rat einem andern manne lazzen, der den weingarten in gutem paw hab und unser frawn zeche umb den vorgenanten dienst gut sey. Wer auch, daz der vorgenanten unser frawn zeche daran icht abgieng, daz schullen wir oder unser erben oder swer den weingarten innehat unser frawn zeche pessern und schollen sy der zechmaister, der pharrer und die purger an unser vrawen zeche stat auf uns haben und auf alle deu, und wir haben in dem lannd ze Osterreich, wir sein lebentig oder tod. Und ze swelhem tag wir des purchrechtes nicht dienen, so schol sich dann dazselb purchrecht zwispilden ze vierczehen tagen, alz alles versezzens purchrechts recht ist und des lanndes recht in Osterreich. Und wand wir selber nicht*[b]*) aygens insigels haben, darumb so geben wir der vorgenanten unser frawn zeche zu einem waren, sichtigen urchund diser sache disen prief, versigelt mit des vorgenanten unsers gruntherren insigel hern Ulreichs des Strenn; und haben auch gepeten den erberen herren hern Haynreich den Wurmprant*[1]*), zu den zeiten pharrer ze Perchtolczdorff, und hern Jansen von Wilhalmspurch, zu den zeiten richter daselbs, daz si auch ir insigel gelegt habent an disen prief ze einem waren gezeug der vorgeschriben sache. Der prief ist geben nach Christes gepurd drewczehenhundert jar darnach in dem aynemundfumfczigisten jar an sand Maria Magdalenabent.*

Rubrum:
Überschrift des 15./16. Jahrhunderts: *Die obverschriben sechtzig phennig gelts dint nu Hanns Trauttman* [Name gestrichen]

Rubrum:
Überschrift des 15./16.Jahrhunderts: *maister Mertt Jendel habet vineam* [Überschrift gestrichen]

Rubrum:
Überschrift des 15./16. Jahrhunderts: *dintt Linhartt Zeylinger*

Rubrum:
Überschrift des 15./16. Jahrhunderts: *Ain weingarten am Zugkhenmantl*

[a]) Randvermerk des 15./16. Jahrhunderts: *Zugkhenmantl dient Ulreichen Streinn in sein hoff in der Knappenstrass 20 d.*

[b]) Aus *recht* verbessert.

[1]) Vgl. Anm. 1 zu Nr. 26.

[2]) Zu Ulrich Streuns Hof in der Knappenstraße siehe P e t r i n , Perchtoldsdorf 35.

1343 Dezember 6, Perchtoldsdorf 72

Haynreich der Wurmprant[1]), Pfarrer von Perchtoldsdorf, *Ott an dem Perg*, Zechmeister der Frauenzeche, und die gesamte Bürgerschaft von Perchtoldsdorf stiften um 2 *tl Wr. d*, die aus dem Vermögen der Frauenzeche stammen, einen ewigen Jahrtag, der für alle, die der Frauenzeche fromme Stiftungen gemacht haben, abzuhalten ist.

Siegler: 1. Bergsiegel der Johanna [von Pfirt], Herzogin von Österreich
2. *Haynreich der Wurmprant*[1]), Pfarrer zu Perchtoldsdorf
3. *Ruger*, Richter zu Perchtoldsdorf

KB: *fol.* 52r–52v.
Lit.: Petrin, Perchtoldsdorf 254, 492 (Anm. 78); 261, 497 (Anm. 11); 265, 499 (Anm. 41); 269, 499f. (Anm. 50); 273, 503 (Anm. 69); 273, 504 (Anm. 73).

[1]) Vgl. Anm. 1 zu Nr. 26.

1390 August 2 73

Ulreich Olm, Bürger zu Perchtoldsdorf, und seine Frau *Anna* stiften ein Burgrecht von 2 *tl Wr. d* auf ihrem Weingarten am Viechparz für einen ewigen Jahrtag, den die Frauenzeche in der Perchtoldsdorfer Pfarrkirche begehen soll. Die Stifter behalten sich für das Dotationsgut, das nach ihrem Ableben an die Frauenzeche fallen soll, ein Nutzungsrecht auf Lebenszeit vor.

Siegler: 1. *Stephan der Rokkendorffer*[1]), Pfarrer zu Perchtoldsdorf und Grundherr des Weingartens
2. *Nyclas Turnkchart*, Bürger zu Perchtoldsdorf
3. *Janns der Geveller*, Bürger zu Perchtoldsdorf

KB: *fol.* 52v–53v.
Lit.: Petrin, Perchtoldsdorf 199, 456 (Anm. 41); 216; 245, 483 (Anm. 87); 254, 492 (Anm. 78).

[1]) Vgl. Anm. 1 zu Nr. 1.

1387 März 6 74

Preyde aus Perchtoldsdorf, Witwe des *Syghart* [beim Tor], stiftet in ihrem Testament eine Gülte von 13 *ß Wr. d*, die auf ihrem Weingarten am Haspan bzw. ihrem halben Haus am Perchtoldsdorfer Marktplatz liegt, zum Zweck der Abhaltung eines in der Perchtoldsdorfer Pfarrkirche zu begehenden ewigen Jahrtages. Nach dem Tod der Stifterin soll ihre Enkelin *Elspet* den genannten Besitz erben und die Bezahlung des Jahrtags übernehmen. Der Erbin wird die Möglichkeit eingeräumt, die erwähnten 13 *ß Wr. d* durch Zahlung von 11 *tl Wr. d*, die auf zwei andere gleichwertige Grundstücke übertragen werden sollen, abzulösen. Sollte *Elspet* erbenlos sterben, fällt der Nachlaß der Erblasserin an die Frauenzeche, die davon den Jahrtag auszurichten hat.

Siegler: 1. *Nyclas der Turnkchartt*, Marktrichter zu Perchtoldsdorf und Bergmeister der Beatrix von Nürnberg, Herzogin von Österreich, Grundherrin des Weingartens
2. *Stephan der Rokkendorffer*[1]), Pfarrer zu Perchtoldsdorf und Grundherr des halben Hauses
3. *Thaman der Radendorffer*, Bürger zu Perchtoldsdorf

KB: *fol.* 53v–55r.
Lit.: Petrin, Perchtoldsdorf 229, 476 (Anm. 69); Petrin, Geschichte Perchtoldsdorf 152; 185 (Anm. 58).

[1]) Vgl. Anm. 1 zu Nr. 1.

1371 November 29 75

Chunrat der Nasel aus Mödling und seine Tochter *Kathrey* verzichten aufgrund eines Urteilsspruches des landesfürstlichen Bergmeisters und Perchtoldsdorfer Marktrichters *Larencz des Scharrer* zugunsten von *Jans dem Spindler* aus Wien auf einen am Sonnberg gelegenen 1 Rechel großen Weingarten, der zur Dotation eines in der Perchtoldsdorfer Pfarrkirche abzuhaltenden Jahrtages dient. Die Aussteller erklären sich bereit, gegen Zahlung von 1 *tl Wr. d* keine weiteren Ansprüche auf den genannten Weingarten zu stellen.

Siegler: 1. *Larencz der Scharrer*, landesfürstlicher Bergmeister und Marktrichter zu Perchtoldsdorf
2. *Ruger der Waldner*, grundherrlicher Richter der Kartause Gaming in Perchtoldsdorf

KB: *fol.* 55r–55v.

1349 Juni 3 76

Ruger, Richter zu Perchtoldsdorf, und seine Ehefrau *Elyzabeth* stiften zu ihrem ewigen Jahrtag, der mit 4 *tl Wr. d* dotiert ist, ihren am Zuckenmantel gelegenen Weingarten, der nach dem Tod der beiden Eheleute der Verwaltung des Zechmeisters der Frauenzeche unterstellt werden soll. Von den Einkünften des genannten Weingartens soll der Zechmeister für seine Mühe bei der Ausrichtung des Jahrtages mit 30 *Wr. d* entschädigt werden.

Siegler: 1. *Ruger*, Richter zu Perchtoldsdorf
2. *Haynreich der Wurmprant*[1]), Pfarrer zu Perchtoldsdorf
3. *Ruodelf* aus Perchtoldsdorf, Sohn *Hainreichs* des alten Richters

KB: *fol.* 55v–56r.
Lit.: Petrin, Perchtoldsdorf 273, 504 (Anm. 73).

[1]) Vgl. Anm. 1 zu Nr. 26.

1374 November 21 77

Nyclas der Hayrla, Zechmeister der Frauenzeche, beurkundet, daß *Dieppolt Polczel* aus Perchtoldsdorf und dessen Ehefrau *Trawt* zu ihrem Jahrtag, der viermal jährlich in jeder Quatember abgehalten wird, ein Rechel Weingarten, gelegen in Perchtoldsdorf am Lindberg, gestiftet haben.

Siegler: 1. Siegel der Frauenzeche zu Perchtoldsdorf
2. *Ruger der Waldner*, grundherrlicher Richter der Kartause Gaming in Perchtoldsdorf

KB: *fol.* 56r–56v.
Lit.: P e t r i n, Perchtoldsdorf 97, 401 (Anm. 26); 273, 504 (Anm. 73).

1354 Mai 29 78

Kathrey die Poppinn aus Rodaun vermacht auf testamentarischem Weg der Frauenzeche zu Perchtoldsdorf zwei an der Soß zu Perchtoldsdorf bzw. in der Grillenau zu Rodaun gelegene Weingärten, von denen der Zechmeister der Frauenzeche einen Jahrtag für die Stifterin und deren verstorbenen Gatten *Ott* um 6 *tl Wr. d* ausrichten soll.

Siegler: 1. *Hainreich der Wurmprant*[1]), Pfarrer zu Perchtoldsdorf und Grundherr des Weingartens an der Soß
2. *Jans von Wilhelmsburg*, Richter zu Perchtoldsdorf
3. *Rudolf* aus Perchtoldsdorf, Sohn *Heinreichs* des alten Richters

KB: *fol.* 56v–57v.
Lit.: P e t r i n, Perchtoldsdorf 97, 402 (Anm. 43); 189, 450 (Anm. 63).

[1]) Vgl. Anm. 1 zu Nr. 26.

1370 April 2 79

Haynreich der Wurmprant[1]), Pfarrer zu Perchtoldsdorf, stiftet testamentarisch einen ewigen Jahrtag, den er mit 52 *tl Wr. d* dotiert und dessen Durchführung dem Zechmeister der Frauenzeche obliegt.

Siegler: 1. *Haynreich der Wurmprant*, Pfarrer von Perchtoldsdorf
2. *Rueger der Waldner*, grundherrlicher Richter und Amtmann der Perchtoldsdorfer Güter der Kartause Gaming

KB: *fol.* 57v–58r.
Lit.: P e t r i n, Perchtoldsdorf 261, 497 (Anm. 11).

Ich Haynreich der Wurmprant[1]*), zu den zeyten pharrer ze Perchtolczdorff, vergich und tun chund offenleich mit dem prief, daz ich pedacht hab menschleichev chranchayt und meiner sel notdurft, also daz ich mit gueten synnen und mit wolverdachtem mut zu der zeit, do ich ez wol getun mocht, mit gesuntem leyb geschaft und geben hab zu einem ewigen jartag in unser frown zech ze Perchtolczdorff zwayundfumfczig phunt Wienner phennig. Den vorgenanten jartag schol ein zechmaister innehaben und alle jar jerleych pegen, wer dieweil unser vrown zech innehat ze Perichtolczdorff, in aller der weyzz, alz hernach an dem prief geschriben stet: von erst schol man an den obent vigiln singen, alz gewondleich und sitleich ist, und schol des morgens ayn oblay gen alter tragen fur fleysch, fur wein und fur prott fumf schilling und dreyzzig ze oppferphennig; und darnach funf priestern, dem schulmaister und dem guster ir ygleichem zwelif phennig, daz macht vierundochczig phennig; und darnach in dy zech fur das wachs vierundvierczig phennig; und darnach armen leuten umb wein und umb prott segs*[a]*) schilling phennig und darnach dem zechmaister fur sein mue zwenunddreyzzig phennig; der summ genczleich wirt sybenczehen schilling und zehen phennig. Und daz die sach und daz geschaft des ewigen jartags furbaz also stet und unczebrochen peleyb und des zu eynem waren urchund und* *zu ayner ewigen vestigung, so gib ich in, ich vorgenanter Hainreich der Wurmprant*[1]*), zu den zeiten pharrer ze Perichtolczdorff, den prief, versigelt mit meynen insigel. Und hab auch gepeten den erbern man Ruegern den Waldner, diezeit richter und amptman der geystleichen herren ze Gemikch der guter, die sew habent ze Perichtolczdorff, daz er der sach geczeug ist mit seynem insigel, im und seynen erben an schaden. Der prief ist geben nach Christi gepurd drewczehenhundert jar darnach in dem sybenczigisten jar des nagsten eritags nach dem swarzen suntag in der Vasten etc.*

[a]) Verbessert aus *degs*.

[1]) Vgl. Anm. 1 zu Nr. 26.

1372 Mai 22 80

Christan der Gmunder aus Atzgersdorf und seine Gemahlin *Geysel* erhalten von der Frauenzeche zwei Weingärten zur Nutzung auf Lebenszeit – einer an der Soß in Perchtoldsdorf, der andere in der Grillenau zu Rodaun gelegen – die *Geysels* verstorbene Mutter *Kathrey die Poppin*[1]) zur Begehung eines ewigen Jahrtages an die Frauenzeche übergeben hat. Sollten die Weingärten nicht ordnungsgemäß bewirtschaftet werden, fallen sie wieder an die Frauenzeche zurück.

Siegler: 1. *Christan der Gmunder* aus Atzgersdorf
2. *Jacob der Cherbekch* aus Atzgersdorf

KB: *fol.* 58[r]–58[v].

[1]) Vgl. Nr. 78.

1386 Juli 20 81

Margret, Witwe des *Michel Helbling* aus Perchtoldsdorf, verfügt testamentarisch, daß ihr halbes Haus samt Zubehör, das im Ortsteil Neustift beim Brunnen liegt, nach ihrem Tod der Frauenzeche zufallen soll. Von den Einkünften soll der Zechmeister der Frauenzeche jährlich ein Stück Tuch im Wert von 1 *tl Wr. d* kaufen und an die Armen verteilen. Weiters vermacht *Margret* der Zwölfbotenzeche ihren am Saurüssel in Perchtoldsdorf gelegenen Weingarten. Schließlich wird *Elspet Chastner* aus Siebenhirten mit einem halben Weingarten in der Winterhagenau und privaten Gebrauchsgegenständen bedacht.

Siegler: 1. *Jans der Lang*, Marktrichter zu Perchtoldsdorf
2. *Nyclas der Turnkchart*, Bürger zu Perchtoldsdorf

KB: *fol.* 59[r]–59[v].
Lit.: Petrin, Perchtoldsdorf 40; 109, 412 (Anm. 34); 228, 474 (Anm. 54 und 57); 228, 474 (Anm. 57).

Ich Margret, Michels selig wittib des Helbling ze Perchtolczdorff, vergich und tun chunt offenleich mit dem prief, daz ich mit gutem willen, mit molverdachtem[a]*) mut und noch meiner nechsten frewnt rat und ander erber leut ze der zeit, do ich ez mit recht wol getun mocht, geschaft hab durich Gots lieb willen ze hilf und ze trost meyner sel und des egenanten meins wirts sel Michels des Helbling und durich aller unser vodern und chomen* *selhayl willen und schaff auch recht und redleich mit dem prief in den hernach geschriben rechten allen meynen tail an den hernach benanten gutern, die mir derselb mein wirt hinder sein lozzen hat und dy wir miteinander eraribayt haben: von erst schaff ich in unser frawn zeche ze Perchtolczdorff daz haws geleich halbs meinen tail und waz zu demselben meinem tail dez halben haws*[b]) *gehort, gelegen ze Perchtolczdorff an der Newnstifft pey dem prunne zenegst Jansen haws des Ofner, also daz ayn yegleicher zechmaister, wer unser frown zeche ze Perchtolczdorff innehat, dasselb halb haws mit seiner zugehorung erst nach meinem tod, ob ich daz versporn mag, an derselben zeche stat, wie er daz dyweil vindet, furbaz wol mag verchauffen, verseczen und allen seinen frumen damit schaffen und geben, wem er welle, an allen chrieg und irrsall. Also beschaydenleich, daz danne auch ain yegleich zechmaister, wer dieselben unser frawn zeche innehat, furbaz aws derselben zeche, wann ich abgen mit dem tod, alle jar ewichleich durich unserr sel willen chauffen sull ain wolleins oder ayn leyneins tuch*[c]) *umb ayn phunt Wienner phennig an sand Merteinstag und daz sol dann derselb zechmaister tayln an demselben tag under arm lewt nach seinen trewn, alz verre daz geraichen mag, an alles verczichen. Darnach hab ich geschafft und schaff auch in der gemain aribaytterzeche ze Perchtolczdorff, die sy in der heyligen zwelifpoten namen angehabt habent, den weingarten*[d]) *gar an dem Sawruzzel zenegst Micheln dem Hawg, den mir auch der egenant mein wirt hinder sein lazzen hat, und han den darin geschaft mit seiner nechsten frewnt willen. Dafur hab ich desselben meins*[e]) *wirts nechsten frewnten fur irn tayl, den si an demselben weingarten noch meinem tod gehabt hieten, aynen andern weingarten am Viechparcz ledig lazzen und geurlaubt auch erst nach meinem tod. Also daz auch der zechmaister, wer der egenanten zwelifpotenzeche an der gemain aribaytter stat verbeser ist, sich desselben weingarten am Sawruzzel erst nach meinem tod, ob ich den versporn mag, wol mag underwinden und underziehen an derselben zeche stat, swie er den dieweil vindet, und mag auch dan den furbaz verchaufen, verseczen und geben, wem er welle, an alle irrung. So hab ich gesafft und schaff auch Elspeten, des Chastner tochter von Subenhirten, den weingarten in der Wintterhagnaw, dez ayn gancz rehel ist, geleich halben meinen tayl, mit wein mit alle, und leyt derselb weingarten zenegst Ulreichs weingarten des Ofner. Und schaff ir auch meinen harrasmantel und mein pesser pet und mein zwen sloyr der pesten, so ich hab, also daz sy auch denselben weingarten halben meinen tail, ob ich den versporn mag, erst noch meinem tod und daz varund gut, alz vorgeschriben stet, den mantel, das pet, dy zwen sloyr ledichleich und freyleich sol haben und allen irn frumen damit schaffen, verchauffen, verseczen und gebn, wem sy welle, auch an alle irrung. Und daz das gescheft furbaz also stet und unczebrochen peleib, und wann ich selber nicht aygen insigil hab, darumb so gib ich den prief ze einem offenn urchunt der sach, versigilt mit der zwair erbern mann insigel Jansen des Lang, ze den zeiten markchtrichter ze Perchtolczdorff, und Nyclasens des Turnkchart, purger daselbs, die ich des hab vleizzichleich gepeten, daz sew der sach geczeugen sind mit irn insigilen, in an schaden. Der prief ist geben nach Christi gepurd drewczehenhundert jar darnach in dem sechsundachczgistem jar dez negsten freytags nach sand Margretentag.*

a) In der Quelle irrtümlich *verbadochtem*.
b) Vermerk des 15./16. Jahrhunderts am rechten Rand: *haus an der Neustifft bey dem prun*.
c) Vermerk des 15./16. Jahrhunderts am rechten Rand: *ain tuech armen leiten*.
d) Vermerk des 15./16. Jahrhunderts am rechten Rand: *Zwelffpotenzeche weingarten Sauruessl*.
e) *s* über der Zeile hinzugefügt.

1341 Mai 3, Perchtoldsdorf 82

Das erbenlose Ehepaar *Ruger*, Richter zu Perchtoldsdorf, und *Pericht* übertragen der Frauenzeche einen drei Rechel großen Weingarten, der am Kunigundberg in Perchtoldsdorf liegt, Einkünfte von Gemüsegärten in der Höhe von fünfeinhalb *ß*, 33 Pfund Wachs von Fleischbänken und zwei Brotbänke, alles in Perchtoldsdorf gelegen, zum Zweck der Ausrichtung eines ewigen Jahrtages, der jährlich an den vier Quatembern abzuhalten ist. Außerdem soll der Zechmeister der Frauenzeche für die Aufstellung einer Laterne mit einem ewigen Licht sorgen.

Siegler: 1. *Ruger*, Richter zu Perchtoldsdorf
2. *Haynreich* von Eisenburg, Hofmeister der Elisabeth [von Virneburg], Witwe Herzog Heinrichs
3. *Ott* [von Wilhelmsburg][1]), Pfarrer von Perchtoldsdorf

KB: *fol.* 59^v–61^r.
Lit.: Petrin, Perchtoldsdorf 38, 381 (Anm. 49); 217, 462 (Anm. 1); 273, 504 (Anm. 73); 280, 507 (Anm. 110); Petrin, Geschichte Perchtoldsdorf 50, 175 (Anm. 9); 88, 180 (Anm. 121).

1) Vgl. Anm. 1 zu Nr. 66.

1355 Februar 26 83

Mert der Smid aus Rodaun und seine Gemahlin *Gedraut* bestätigen, daß für ihren der Frauenzeche zu leistenden Burgrechtsdienst von 10 *Wr. d* auf ihrem Viertel Weingarten, der am Reisberg in Rodaun liegt, die gleichen Rechtsbedingungen gelten sollen wie für das Burgrecht von einem halben *tl Wr. d* und 20 *d*, das sie zum Zweck der Abhaltung des Seelgerätes des [*Ulreich*] *Hoperger* jährlich bezahlen.

Siegler: 1. *Wernhart*, Forstmeister
2. *Heynreich der Wurmprant*[1]), Pfarrer zu Perchtoldsdorf

KB: *fol.* 61^r.

1) Vgl. Anm. 1 zu Nr. 26.

1355 Februar 3 84

Mert der Smid aus Rodaun und seine Ehefrau *Gedraut* verkaufen ein halbes *tl Wr. d* und 20 *Wr. d* Burgrecht auf ihrem Viertel Weingarten, der am Reisberg in Rodaun liegt, um 6 *tl Wr. d* an die Frauenzeche, die diese Summe von *Ulreich dem Hoperger* zum Zweck der Dotierung einer Lichtstiftung vor dem Katharinenaltar in der Perchtoldsdorfer Pfarrkirche erhalten hat. Bei Verzug der jährlichen Zahlung kann die Zwispildklage eingebracht werden. Die Ablöse des Burgrechts kann dadurch erfolgen, daß der Burgrechtsschuldner der Frauenzeche ein gleichwertiges Grundstück zur Verfügung stellt.

Siegler: 1. *Chunrat* von *Wignletyngen*, Bergherr des Viertel Weingartens und Pfarrer zu Pöllau
2. *Hainreich der Wurmprant*[1]), Pfarrer von Perchtoldsdorf
3. *Ruedolf* aus Perchtoldsdorf, Sohn *Hainreichs* des alten Richters

KB: *fol.* 61r–62r.
Lit.: Petrin, Perchtoldsdorf 198, 456 (Anm. 36); 252, 487 (Anm. 35); Petrin, Geschichte Perchtoldsdorf 152, 185 (Anm. 53).

Ich Mertt der Smid ze Radaun und ich Gedraut sein hausfraw wir veriehen und tun chund allen den, die disen prief lesent oder horent lesen, die nu lebent und hernach chunftig sind[a]*), daz wir mit aller unser erben mit gutem willen und chunst, mit wolverdachtem mut, mit gesampter hant ze der zeit, do wir es wol getun mochten und mit unsers perigmaister hant, Hainreichs dez Vrowndienst ze Radaun, verchaufft haben ain halb phunt und zwainczig Wienner phennig gelts ewigs purchrechts auf unserm weingarten, dez ain viertail ist, der gelegen ist an dem Reysperch zenechst Mandleins weingarten, Cholmans sun, do man alle jar von dient ainen eimmer weins ze perchrecht und aynen Wienner phennig ze voytrecht und nicht mer. Das vorgenant halb phunt und zwainczig phennig gelts ewigs purchrechts haben wir recht und redleich verchauft und geben umb sechs phunt Wienner phennig, der wir gantz und gar verricht und gewert sein, in unser vrown zeche ze Perichtolczdorff zu dem liecht, daz vor sand Kathreinalter prinnet und daz Ulreich der Hoperger durich seiner sel willen darzu geschaft hat, furbas vreyleichen und ledichleichen ze haben und allen irn frumen damit ze schaffen, verchaufen, verseczen, swem sy wellent, an allen irrsal. Und schullen auch wir und unser erben, oder swer den weingarten nach uns besiczet, daz vorgenant halb phunt und die zwainczig phennig gelcz ewigs purchrechts alle jar dienen an sand Merteinstag mit allem dem nucz und rechten, alz man ander purchrecht dient in dem lande ze Osterreich. Und swen wir oder unser erben daz vorgenant purchrecht versiczen, so sol dann der zechmaister ze Perichtolczdorff, wer zu derselben zeit zechmaister ist, darauf fragen vor dem amptman, und sol sich daz zwispilden ze vierczehen tagen, als versezzens purchrechts recht ist und dez landes recht in Osterreich. Und sein auch wir und unser erben dez vorgenanten purchrechts auf dem vorgenanten unserm weingarten der vorgenanten unser frawn zeche ze Perchtolczdorff recht gewern und scherm fur alle ansprach, alz purchrechts recht ist und dez landez recht in Osterreich. Gett in daran icht ab mit recht, daz schullen sy haben auf uns und auf allem unserm gut, daz wir haben in dem lande ze Osterreich, wir sein lembtig oder tode. Und sullen auch wir und unser erben, oder swer den weingarten nach uns besiczt, daz vorgenant purchrecht ablosen, wenn wir mugen oder wellen, auf ain ander erbe, da ez der vorgenanten unser frawn zeche alz wol gelegen sey alz an dem vorgenanten unserm weingarten und daz ez dem pharrer und dem zechmaister* *wol gevalle. Und wand wir selber noch der vorgenant unser perigmaister nicht aygen insigiln enhaben, daruber so geben wir ze eynem warn, sichtigen urchund und ze einer ewigen vestigung diser sach disen prief, versigelt mit unsers rechten perchherren insigil, dez erbern herren hern Chunrats von Wignletyngen, zu den zeitten pharrer ze Polan, und auch mit dez erbern herren insigel, hern Hainreichs dez Wurmprants*[1]*), zu den zeitten pharrer ze Perchtolczdorff, und auch mit dez erbern manns insigil, hern Ruedolfs, hern Hainreichs sun dez alten richter ze Perchtolczdorff, die wir dez alle drey gepeten haben, daz sy diser sach an unser stat geczeug sind mit irn insigiln, in und allen irn gutern an allen irn schaden. Der prief ist geben nach Christes gepurd drewczehenhundert jar darnach in dem funfundfunfczigistem jar dez negsten eritags vor Scolasticze.*

[a]) Ab *sind* Eintragung durchgestrichen.

[1]) Vgl. Anm. 1 zu Nr. 26.

1391 April 1 85

Dyetreich Findensin, Schneider zu Perchtoldsdorf, und seine Gemahlin *Kathrey* verkaufen 1 *tl Wr. d* auf ihrem Haus und einem angrenzenden Weingarten, gelegen in der Hochstraße in Perchtoldsdorf, um 10 *tl Wr. d* an die Frauenzeche, die diesen Geldbetrag von dem bereits verstorbenen *Ulreich dem Haypger*[1]) zum Zweck einer Lichtstiftung vor dem Katharinenaltar in der Pfarrkirche von Perchtoldsdorf empfangen hat. Bei Säumigkeit des Burgrechtsschuldners kann die Frauenzeche vor dem grundherrlichen Gericht auf Zwispild klagen. Die Ablöse kann durch Kauf eines Grundstücks im Wert von 20 *tl Wr. d*, das einen jährlichen Ertrag von 1 *tl Wr. d* abwirft, erfolgen.

Siegler: 1. *Jans der Lang*, Richter zu Perchtoldsdorf und landesfürstlicher Amtmann
2. *Nyclas der Turnkchart*, Bürger zu Perchtoldsdorf

KB: *fol.* 62r–63r.
Lit.: Petrin, Perchtoldsdorf 221, 466 (Anm. 42); 252, 487 (Anm. 36).

Ich Dyetreich Findensin, der sneyder ze Perchtolczdorff, und ich Kathrey sein hausfrow und all unser erben, wir vergehen und tun chund offenleich mit dem prief, daz wir mit gutem willen, mit verdachtem mut und mit gesampter hant ze der zeit, da wir ez mit recht wol getun mochten, und mit dez erbern mans hant Jansen des Lang, diezeit markchtrichter ze Perchtolczdorff und amptman aller der gueter, die da gehorent in dy purch daselbs von der edeln hochgeporn furstinne wegen, frawn Beatriczen von Nuerenberch, yeczunde herczoginne ze Osterreich, verchaufft haben ayn phunt Wienner phennig geltes purchrechts auf unserm haws und auf der weingartensecz hinden daran, dy darczu gehoret, gelegen ze Perchtolczdorff auf der Hochstrozz zenegst Ulreichs des Pawrn haws, da man von demselben unserm haws und von seyner zugehorung alle jar dient der egeschriben hochgeborn furstinne in dy egenanten ir purkch ze Perchtolczdorff zehen Wienner phennig an sand Michelstag und anderthalben hun ze Vaschang und zwen ches und zwelif ayr ze Ostern und anderthalben tagwerich in dem snit ze gruntdienst und nicht mer. Daz vorgenant phunt gelts haben wir auf dem egenanten unserm haws und auf alle dew, und darzugehoret, recht und redleich verchaufft und gegeben in unser frawn zeche ze Perchtolczdorff auf sand Kathreinalter zu eynem ewigen liecht umb zehen phunt Wienner phennig, der uns Leuppolt der Schell, zu den zeitten zechmaister derselben zeche, gancz und gar verricht und gewert hat, und der Ulreich selig der Haypger[1]*) pey seinen lemptigen zeiten in dy vorgenanten zeche zu dem ewigen liecht geschafft und gegeben hat. Also beschaidenleich, daz wir und wer daz vorgenant unser haws und waz darzu gehoret nach uns innehat und besiczet, daz vorgenant phunt gelts in unser frawn zeche ze Perchtolczdorff furbaz alle jar davon dienen und raichen sullen miteinander an sand Merttentag, mit allen dem nucz und rechten, alz man ander purkchrecht in dem lande ze Osterreich dient, und sullen mit dem dienst anheben an sand Merttentag, der schirist chumbt. Und swenne der dienst versezzen wiert, so ist denne furbaz ye ze vierczehen tegen vor dem amptman oder vor seinem anwalt darauf ze vragen und zwispilde darauf ze behaben, alz umb versezzens purchrechtes recht ist und dez landez recht ze Osterreich. Und haben auch vollen gevalt und recht, daselben phunt gelts abczechauffen und abczelosen, wenn wir oder unser erben und nachkomen daz getun mugen oder wellen, mit einem andern phunt gelts purkchrechtes, daz als gut sey und auf einem erbe gelegen sey, daz wol zwainczig phunt Wienner phennig wert sey. Und schol die losung geschehen mit willen und nach rot dez pharrers und dez zechmaisters und der purger ze Perchtolczdorff, also das daz vorgeschriben phunt gelts purchrechts pey der zeche ze Perchtolczdorff furbas ewichleichen beleybe; und durich pesser sicherhayt seczen wir uns, ich Dyetreich Findensin und ich Kathrey sein hausfraw und all unser erben unverschaydenleich derselben zeche uber daz vorgenant phunt gelts auf dem egenanten unserm haws und auf seiner zugehorung ze rechtem gewern und scherm fur all ansprach, als purchrechtes recht ist und dez landes recht ze Osterreich. Gett derselben zeche furbaz daran icht ab oder ob ir mit recht icht chriegs oder ansprach daran auferstunde, von wem daz wer, daz sullen wir in alles ausrichten und widerchern, an alle ir mue und an allen irn schaden. Und schol auch dieselb zeche daz haben auf uns unverschaidenleich und auf alle dem gut, daz wir haben in dem lande ze Osterreich oder wo wir ez haben, wir sein lemptig oder tode. Und wann wir selber nicht aygen insigil haben, darumb so geben wir den prief, versigilten mit dez obgenanten richter und amptmans insigil, dez erbern mans Jansen dez Lang, und mit dez erbern mans insigil Nyclasen des Turnkchart, purger ze Perchtolczdorff, den wir dez haben vleizzikchleich gepeten, daz er der sach geczeug ist mit seinem insigil, im an schaden. Der prief ist geben nach Christi gepurd drewczehenhundert jar darnach in dem aynsundnewnczgistem jar des nechsten suntags nach dem Osterntag.*

Rubrum:

Überschrift des 15./16. Jhs.: *Finndlin haus.*

[1]) Identisch mit *Ulreich Hoperger*; vgl. Nr. 83 u. 84.

1391 September 1 86

Chunrat Mynndler, Bürger zu Perchtoldsdorf und Zechmeister der dortigen Gottesleichnamszeche, gelobt für sich und seine Zechbrüder, die Sanktuskerzenstiftung, die das verstorbene Perchtoldsdorfer Ehepaar *Syghart* beim Tor und dessen Ehefrau *Preyde* um 10 *tl Wr. d* zum Kreuzaltar in der Perchtoldsdorfer Pfarrkirche gemacht hat, instandzuhalten. Sollte die Gottesleichnamszeche ihrer Verpflichtung nicht nachkommen, muß sie als Strafe der Frauenzeche 4 Pfund Wachs geben.

Siegler: 1. *Nyclas der Turnkchart*, Bürger zu Perchtoldsdorf
2. *Thaman der Radendorffer*, Bürger zu Perchtoldsdorf

KB: *fol.* 63^{r}–63^{v}.
Regest: Petrin–Steuer, Archiv 14, Nr. 13.
Lit.: Petrin, Perchtoldsdorf 253, 487 (Anm. 49); 269, 500 (Anm. 52); 280, 507 (Anm. 111).

Ich Chunrat Mynndler, purger ze Perchtolczdorff und zu den zeiten zechmaister und verbeser unsers herren leichnamen zeche daselbs, und wir all purger, die daselbs in derselben zeche sind, wir veriehen und tun chunde offenleich mit dem prief umb die zehen phunt Wienner phennig, die uns Syghart pey dem Tor ze Perchtolczdorff und Preyde sein hausfrow, den payden Got gnade, in die egenanten unsers herren leichnamen zeche pey irn lemptigen leib lauterleich durich Got und durich irer sel und durich irer vodern und nachkomen selhails geschaft und gegeben habent umb ayn ewigew wandlungcherczen zu des heyligen chreucz altar in der pharrchirichen ze Perchtolczdorff zu den rechten, alz hernach geschriben stet. Darumb so hab ich mich egenanter Chunrat Myndler und wir all purger, die in derselben zeche sind, zesampt allen unsern nachkomen an der egenanten zeche stat mit unsern trewn an alles gewer verlubt und verpunden gegen dem erbern man Leuppolten dem Schell, auch purger ze Perchtolczdorff und ze den zeiten zechmaister und verbeser unser frown zeche daselbs und gegen allen seinen nachkomen, dy derselben zeche nach im zechmaister und verbeser werdent, luben und verpinden auch uns wissentlich mit dem prief gegen in, also daz wir aws der egenanten unsers herren leichnamen zeche furbaz alle jar ewichleich ayn wandlungcherczen sullen machen mit vier phunten wagchs, wann des nat und durft sey, zu des heyligen chreucz altar in der pharrchirichen ze Perchtolczdorff, die man pey demselben altar zu yegleicher messe, so man darauf sprichet, alfart zu der wandlung aufzunden schol und pey chaynem altar nicht mer. Und alz oft dieselben cherczen abprinnet und ze churcz wiert, also oft sulln wir die wider machen und vernewn mit vier phunten wachs, alz vorgeschriben stet, also daz wir daz drinn derselben cherczen alfart herwider nemen sullen. Und wanne auch daz wer, daz wir oder unser nachkomen, die dy egenanten unsers herren leichnamen zeche nach uns innehabent, dieselben cherczen also nicht machten und die also zu dem egenanten altar nicht geben, zu welher zeit des nat und durft ist, alz vorgeschriben stet, alz oft wir des sawmug sein, alz oft sullen wir in unser frown zeche ze Perchtolczdorff vervallen sein aus der egenanten unsers herren leichnamen zeche vier phunt wachs ze puezzen an all gnad. Und daz schol man haben dacz uns und dacz alle dem gut, daz in die vorgenanten unsers herren leichnamen zeche gehort auf erbgut und auf varund gut, wie daz genant ist, wir sein lemptig oder tode. Und darumb so geben wir den prief, versigilten mit der zwayrer erbern man insigil Nyclas des Turnkchart und Thamans des Radendorffer, payde purger ze Perchtolczdorff, die wir des haben vleizzichleich gepeten, daz sew der sach gezeug sind mit irn insigilen, in an schaden. Und wann wir und die vorgenant unsers herren leichnamen zeche nicht aygen insigil haben, so verpinden wir uns zesampt allen unsern nachkomen mit unsern trewn an gever under den egenanten insigilen, alles daz stet ze haben und ze laisten, das vorgeschriben stet in dem prief, der geben ist nach Christi gepurde drewczehenhundert jar darnach in dem aynsundnewnczigistem jar an sand Giligentag.

Rubrum:
Überschrift des 15./16. Jahrhunderts: *ausz Gotsesleichnamzech 1 wandlungcherzen in unser fraw zech als oft sein nat ist.*

1380 Juli 25 87

Seyfrid von Velnpach, Bürger zu Perchtoldsdorf und Bergmeister des Ritters *Nyclas des Würffel*, und seine Ehefrau *Jawtt* stiften ein ewiges Licht in der Perchtoldsdorfer Pfarrkirche von ihrem ein Rechel großen Weingarten in der Sommerhagenau zu Perchtoldsdorf. Der Zechmeister der Frauenzeche soll nach *Seyfrids* Tod den genannten Weingarten in seine Verwaltung nehmen und von 5 *tl Wr. d* aus dem beweglichen Nachlaß des Stifters ein Grundstück ankaufen, das zur zusätzlichen Dotation der Stiftung dient. Für den Fall, daß der jeweilige Zechmeister der Frauenzeche die Verfügung des Ehepaares nicht ordnungsgemäß ausführt, sollen deren Erben und Verwandte für die Lichtstiftung Sorge tragen.

Siegler: 1. *Seyfrid von Velnpach*, Bürger zu Perchtoldsdorf und Bergmeister des Ritters *Nyclas des Würffel*
2. *Nyclas der Würffel*, Bergherr des Weingartens
3. *Nyclas der Turnkchart*, Judenrichter zu Perchtoldsdorf

KB: *fol.* 64r–64v.

Ich Seyfrid von Velnpach, ze den zeitten puriger ze Perchtolczdorff, und ich Jawtt sein hawsfrow, wir vergechen und tun chund offenleich mit dem prief, daz wir mit aller unser erben gutem willen und gunst, mit wolbedachtem mut und mit gesampter hant ze der zeit, da wir ez mit recht wol getun mochten, und mit unsers perkchherren hant des erbern, vesten ritter hern Nyclas des Würffel gegeben und geschaft haben und geben auch durich Gots lieb willen unser sel und allen unser vodern und nachkomen seln ze hilf und ze trost in unser frown zeche ze Perchtolczdorff ze eynem ewigen liecht, daz wir daselbs ze Perchtolczdorff in der pharrchirichen gestift und gemacht haben vor unsers herren parmherczichait in dem char ab dem gater, daz daselbs furbaz ewichleich prynnen schol, unsern weingarten, des ayn rechel ist, und den wir paide miteinander mit gesampter hant endaribait und gechauft haben und dez ich Seyfrid ze den zeitten pergmaister pin von des vorgenanten meins herren wegen hern Nyclas des Würffel und der da leyt ze Perchtolczdorff in der Sumerhagnaw zenegst Stephans weingarten von Prostorff und davon man alle jar dient demselben hern Nyclasen dem Würfel ain viertail weins ze perchrecht und ain ort ze voytrecht und nicht mer. Also beschaidenleich, wan ich vorgenanter Seyfrid nicht enpin und abgen mit dem tod, so schol dann der zechmaister, wer unser vrown zeche ze Perchtolczdorff dieweil innehab, sich des egenanten unsers weingarten unterwinten und an derselben zeche stat ze seinen hanten innemen, swie er [*den*] *dann dieweil vindet, an alle irrung. Und schol man darzu ze pezzrung und ze hilff dem vorgenanten liecht geben von unser payder varunden hab fumf phunt Wienner phennig und die schol den derselb zechmaister noch unser negsten frewnt rat und der puriger ze Perchtolczdorff auch anlegen an ein erben, darauf ez zu dem ewigen liecht wol gelegen sey. Und schol dann dasselb erb und der vorgenant unser weingarten furbaz in der egenanten unser frown zeche ewichleich peleyben, mit der beschaidenhait, daz ain ygleich zechmaister, wer unser vrown zeche ze Perchtolczdorff innehab, furbaz ewichleich davon aws derselben zeche daz ewig liecht pelawchten schol, alz ander ewigew liecht in demselben gotzhaws prinnent. Und schol man auch dem guster, der daz liecht aufzundet, geben fur sein mue sechczig Wienner phennig, halb an sand Mertentag und halb an sand Jorgentag, aus der vorgenanten unser vrown zeche. Wer aber, daz der zechmaister, wer der unser vrown zeche innehiet, furbaz daz also aws derselben zeche niecht pegieng, und daran sawmug wolt sein, in welhen sachen daz wer, das daz liecht davon geerigt und gechrencht wurde, so sullen dann unser payder erben und frewnt darzusehen und sullen sich dez egenanten weingarten und des erbs, darauf dy fumf phunt gelegt werdent, an furbot und an alles recht underwinten und underziehen, swie sy dew dieweil vindent. Die sullen dann aber noch des pharrer und der puriger rat ze Perichtolczdorff damit tun und schaffen durich unser sel willen, also daz das ewig liecht icht abge. Und daz das geschaft und dy sach furbaz stet und unczebrochen peleib, darumb so geben wir zu dy vorgenanten unser frown zeche den prief, versigelten mit mein obgenantz Seyfrits insigel von Velnpach und mit dez obgenanten unsers perchherren insigel, hern Nyclas des Würffel, und haben auch vleizzichleich gepeten Nyclasen den Turnkcharten, zu den zeiten judenrichter ze Perchtolczdorff, daz er der sach geczeug ist mit seinem insigel, im an schaden. Der prief ist geben nach Christi gepurde drewczehenhundert jar darnach in dem ochczigistem jar an sand Jacobstag in dem snit des zwelifpott.*

Rubrum:
Überschrift des 15./16. Jahrhunderts: *vinea Sumerhagenaw.*

Rubrum:
Überschrift des 15./16. Jahrhunderts: *1 rechel dient gen Radaun ain ort.*

Rubrum:
Überschrift des 15./16. Jahrhunderts: *1 quartum pergrecht.*

1416 Oktober 16 88

Hanns der Voytsperger[1]), Pfarrer zu Perchtoldsdorf, beurkundet, daß die Frauenzeche unter ihrem Zechmeister *Hanns Polczl* in der Perchtoldsdorfer Pfarrkirche eine ewige gesungene Frühmesse um 5 *tl Wr. d* gestiftet hat, die anstatt der bisherigen ersten Frühmesse abgehalten werden soll. Die Möglichkeit von Zustiftungen zur Frühmesse wird festgehalten.

Siegler: 1. *Hanns der Voytsperger*[1]), Pfarrer zu Perchtoldsdorf
2. *Peter der Rokkendorffer*, Forstmeister in Österreich

KB: *fol.* 64[v]–65[r].
Lit.: Petrin, Perchtoldsdorf 269, 500 (Anm. 53).

Ich Hanns der Voytsperger[1]*), diezeit pharrer ze Perchtolczdorff, vergich fur mich und all mein nachkomen, pharrer doselbs, und tun chund offenleichen mit dem prieff, als der erber Hanns Polczel, diezeit zechmaister unser frawn zeche, und die pruder gemaindleich derselben egenanten zech ze Perchtolczdorff ayn ewigs frueambt in der pharrchirichen daselbs gestift habent, also das man die ersten mezz, die man vor in der egenanten pharrchirchen gesprochen hat, daz man dy hinfur ewichleich singen schol hochzeitleich tag, veyrtag und werichtag von unser lieben frawn*[a]*), als dann ze yeder zeyt gewonhait ist, darzu sew fumf phunt Wienner phennig ewigs gelts aus der vorgenanten unser frawn zech den chappellen, dem schulmaister und dem nachmaister, die daz vorgenanten unser frawn ambt verbesen schullen, verschriben und gestift habent nach laut und innhaltung ires stiftprief, der daruber ist, in solher beschaiden, daz dy obgenant stift und widmung mit meynem willen und gunst gegangen ist wissenleich mit dem prief und schol auch hinfur ewichleich dapey beleyben an abgankch. Wer aber, daz yemant daran icht saumug wer oder wolt sein, ez wer in aim oder menigerm, der sol ze pen geben albeg ein halbs phunt wachs an genad, und daz in der vorgenanten pharrchirichen verprynnen sol. Wann aber daz geschech, daz furbas yemant durch hail seiner sel zu dem obgenanten frueambt icht mer geben oder stiften wolt, so schol dasselb gut, daz darczu gegeben wurd, zu den obgenanten fumf phunt phennig ewigs gelts genomen und gestifftet werden, damit daz*[b]*) frueambt und der lobleich goczdienst nicht abge. Des ze urchund gib ich obgenanter Hanns der Voytsperger*[1]*) fur mich und all mein nachkomen, pharrer ze Perchtolczdorff, dem obgenanten zechmaister und den zechpruedern der egenanten unser frawn zech daselbs den prief, versigilt mit meynem anhangen insigil; darzu so hab ich vleizzleich gepeten den erbern Petern den Rokkendorffer, die zeit vorstmaister in Osterreich, daz er der sach zewg ist mit seinen anhangen insigel, im und sein erben an schaden. Geben an sand Gallentag nach Christi gepurd vierczehenhundert jar und darnach in dem sechczehenten jare.*

Rubrum:
Überschrift des 15./16. Jahrhunderts: *uber daz frueabmt.*

[a]) *frawn* aus Versehen zweimal geschrieben.
[b]) *daz* aus Versehen zweimal geschrieben.

[1]) *Vgl. Anm. 1 zu Nr. 68.*

1415 März 26 89

Hanns Seehaus, Bürger zu Wien, und seine Gemahlin *Helen* verkaufen ihren 4 Rechel großen Weingarten, der in der Sommerhagenau in Perchtoldsdorf liegt, um 90 *tl Wr. d* und 10 *gueter gulden* an die Frauenzeche.

Siegler: 1. *Fabian*, Kaplan des Allerheiligenaltars in der Michaelerkirche zu Wien, Grundherr des Weingartens
2. *Stephan der Lang*[1]), Bürger zu Wien
3. *Hanns auf der Sawl*[2]), Bürger zu Wien

KB: *fol.* 65v–66r.

[1]) Vgl. Anm. 1 zu Nr. 9.
[2]) Sailer, Ratsbürger 384f (Nr. 3).

1398 April 27, Perchtoldsdorf 90

Hanns Mawtter, Bürger zu Perchtoldsdorf, und seine Gemahlin *Elspet* stiften ihren ein Rechel großen Weingarten, gelegen am Herzogberg auf der Stickel zur Installierung eines ewigen Lichtes in der Perchtoldsdorfer Pfarrkirche vor dem Zwölfbotenaltar, an die Frauenzeche. Die Stiftung soll durch die Anlage von 6 *tl Wr. d* aus dem beweglichen Nachlaß beider unterstützt werden. Dieser Geldbetrag ist vom Zechmeister auf einem Grundstück anzulegen. Für den Fall, daß der Zechmeister der Frauenzeche seinen Verpflichtungen nicht nachkommt, soll der Weingarten und das Grundstück, auf dem die 6 *tl Wr. d* liegen, an die Gottesleichnamszeche fallen.

Siegler: 1. Bergsiegel Herzog Wilhelms
2. Bergsiegel Herzog Albrechts IV.

KB: *fol.* 66r–66v.
Regest: Petrin–Steuer, Archiv 15, Nr. 15.
Lit.: Petrin, Perchtoldsdorf 252, 254 u. 490 (Anm. 72).

Ich Hanns Mawtter, purger ze Perchtolczdorff, und ich Elspet sein hausfraw wir vergehen und tun chund offendleich mit dem prief, daz wir mit unser erben willen und gunst und verdachtem muet und mit gesampter hant zu der zeit, do wir es mit gesuntem leib und mit recht wol getun mochten, und mit unsers perigmaisters hant, Hannsen von Stremkch, zu den zeiten perigmaister ze Medling der edeln und hochgeporn fursten herczog Wilhalms und herczog Albrechtz ze Osterreich, ze Steyr, ze Chernten und ze Chrain, grafen ze Thyrol etc., geschaft haben und schaffen und machen auch durich Gotz lieb willen unser sel und unsern vodern und nachkomen selen ze hilff und ze trost in unser frawn zech ze Perchtolczdorff zu eynem ewigen liecht, daz wir daselbs in der pharrchirichen gestift und gemacht haben, ver unsers herren marter ob der zwelifpotenalter daselbs, daz furbaz ewichleych prinnen sol, unsern weingarten, des ain gancz rechel ist, gelegen an dem Herczogperig auf der Stikchel[a]) *zenegst Jansen weingarten des Langen, diezeit richter ze Perichtolczdorff, do man alli jar von dient den vorgenanten hochgeporen fursten in ir perchrecht ze Medling ayn halben emmer weins in dem lesen ze perchrecht und ayn Wienner helbling ze voytrecht und nicht mer. Also beschaidenleich, ob wir den vorgenanten weingarten ver erhafter not versporen mugen und welichs under uns abget mit dem tod, so sol darnach daz ander den egenanten weingarten innehaben uncz an sein tode pewleichen und unverchummerten. Und nach unser payder tod so sol darnach der zechmaister, wer unser frawn zech dieweil innehat, sich dez egenanten weingarten underwinden an derselben zech stat und nemen, wie er den dieweil vindet, an alli irrunge. Und schol man dan darczu ze pessrung und ze hilff dem obgenanten liecht geben von unser payder varund hab sechs phunt Wienner phennig, und die schol dann der zechmaister unser frawn zech nach des pharrer rat ze Perichtolczdorff und der purger in der egenanten zech doselbs anlegen an ein erb, darauf es zu dem ewigen liecht wol gelegen sey; und sol dan dasselb erib und der egenant unser weingarten furbaz in der egeschriben zech ewichleich peleyben, also mit ausgenomen worten, daz ayn yegleich zechmaister dazselb ewig liecht pelewchten schol aus der obgenanten zeche, alz andre ewige liecht in demselben gotshaws prinnent, und sol man auch dem guster, der dasselb liecht zundet, geben fur sein mue zwenunddreyssig phennig alli jar an sand Mertentag. Wer aber, daz der zechmaister, der unser frawn zech innehat, furbaz das also nicht pegieng und daran sewmug wolt sein, in welichen sachen das wer, daz das liecht dovon geerigt und gechrencht wurde, so sol den der zechmaister goczleichnamszech, wer der dieweil ist, sich des egenanten weingarten und des eribs, darauf die sechs phunt phennig gelegt werdent, an furbet und an alles recht underwinden und underziechen, wie si dew dieweil vindent; die schullen den aber nach dez pharrer rat und der purger ze Perchtolczdorff domit tun und schaffen durich unser selhail willen, also daz daz ewig liecht icht abge. Und daz daz gescheft furbaz also stet und unczebrochen beleib, wenn wir selb nicht aygen insigel enhaben, darumb so geb wir in die obgenanten unser frawn zech den prief zu eynem offenn urchund der sach, versigelten mit der zwair edelen und hochgeporen fursten herczog Wilhalms und herczog Albrechts perkchinsigel, daz sy geben habent zu eyner bestetigung uber daz vorgenant ir perchrecht ze Medling. Und dez ist zeug Nyclas Turnkchart und Leb Nustarffer, ped purger ze Perchtolczdorff, durich unser vleyzzigen pet willen, in an schaden. Der prief ist geben ze Perichtolczdorff nach Christi gepurde drewczehenhundert jar darnach in dem achtundnewnczigisten jar des sambstagz nach sand Jorigentag.*

Rubrum:
Überschrift des 15./16. Jahrhunderts: *Herczogsperig gen der Stikchel ze ainem ewigen liecht vor der XII potenalter etc.*

[a]) Vermerk des 15./16. Jahrhunderts am rechten Rand: *Hertzogperg auf der Stückhl.*

1326 Juli 4, Wien 91

Percht, wohnhaft in Perchtoldsdorf, Gemahlin von *Rudolf*, dem Diener von *Perchtung* dem Kammermeister, beurkundet, daß ihr beider gemeinsames Vermögen, zwei Weingärten, einer an der Soß, der andere am Kunigundberg gelegen, insgesamt sechs Rechel, nach ihrem Tod ihrem Gatten zufallen sollen. Im Falle des Ablebens ihres Gemahls sollen die Grundstücke der Ausstellerin zur Verfügung stehen.

Siegler: 1. *Eberhart von Wallsee*, Bergherr des Weingartens an der Soß
2. *Ott der Stechs* von Wienerherberg, Bergherr des Weingartens am Kunigundberg

3. *Perchtung*, Kammermeister Herzog Ottos
4. *Wernhart* von Weitersfeld

KB: *fol.* 67r–67v.
Lit.: Petrin, Perchtoldsdorf 13, 369 (Anm. 21); 95, 397 (Anm. 4); 118; 188; 197, 455 (Anm. 30).

1388 Juni 24, Wien 92

Herzog Albrecht III. verkauft die Meierhofstatt in Perchtoldsdorf um 10 *tl Wr. d* Burgrecht an die Frauenzeche, die dafür jährlich 10 *Wr. d* Burgrecht zu bezahlen hat.

Von gleicher Hand: *Dominus dux per dominum Steffanum* [*Rokkendorfer*], *plebanum in Perchtolczdorff.*

KB: *fol.* 67v.
Lit.: Petrin, Perchtoldsdorf 39; 106, 410 (Anm. 9); 193, 452 (Anm. 8); 197, 455 (Anm. 31); 262, 497 (Anm. 16).

1410 Jänner 5 93

Paul Desendel aus Perchtoldsdorf und seine Frau *Anna* schließen mit *Hanns dem Polczel*, Bürger zu Perchtoldsdorf, einen Vergleich hinsichtlich des gesamten Vermögens, das der verstorbene *Chunrat der Polczel*, Bruder des *Hanns* und Vetter der *Anna*, als Erbmasse hinterlassen hat. *Hanns der Polczel* erbt den gesamten Nachlaß seines Bruders, muß aber einen Weingarten am Zuckenmantel, sowie 3 *tl Wr. d* an das Ehepaar *Desendel* abgeben, dessen Erbansprüche damit abgegolten sind.

Siegler: 1. *Peter der Staynpekch*, Marktrichter zu Perchtoldsdorf
2. *Wernhart der Hawg*, Bürger zu Perchtoldsdorf

KB: *fol.* 67v–68r.

1409 November 21, Perchtoldsdorf 94

Rutprecht der Sybenhiertter, Richter zu Perchtoldsdorf und Pfleger der Beatrix von Nürnberg, Herzogin von Österreich, übergibt der Frauenzeche unter ihrem Zechmeister *Hanns Polczel* einen Weingarten, gelegen an der Soß, der sich früher im Besitz des nunmehr verstorbenen Ehepaares *Nyclos* und *Chunigund Gagl* befand.

Siegler: *Rutprecht der Sybenhiertter*, Richter zu Perchtoldsdorf und Pfleger der Beatrix von Nürnberg, Herzogin von Österreich

KB: *fol.* 68v.
Lit.: Petrin, Perchtoldsdorf 42, 386f (Anm. 94); Petrin, Geschichte Perchtoldsdorf 61, 177 (Anm. 51).

1367 Dezember 10 95

Jeorig der Unger, Bürger zu Perchtoldsdorf, seine Gattin *Golltraw* und deren Nachbar *Nyclos der Haiden* mit seiner Gemahlin *Elspet*, beurkunden, daß mit Zustimmung ihres Grundherrn *Haynreichs des Wurmprants*[1]), Pfarrer zu Perchtoldsdorf, an dem von *Jeorig Unger* errichteten Giebel von beiden Seiten her angebaut werden darf.

Siegler: 1. *Haynreich der Wurmprant*[1]), Grundherr des Hauses des *Jeorig Unger* und Pfarrer zu Perchtoldsdorf
2. *Jans der Staynpekch*, Bürger zu Perchtoldsdorf

KB: *fol.* 68v–69r.

[1]) Vgl. Anm. 1 zu Nr. 26.

1356 März 16 96

Ott an dem Perg, Zechmeister der Frauenzeche, verkauft im Namen der Zeche einen Weingarten, gelegen am Herzogberg, an *Fridreich den Durr* und dessen Gattin *Chunigund*, die dafür jährlich einen Burgrechtszins von 6 *ß Wr. d* an die Frauenzeche entrichten müssen. *Fridreich Durr* verpflichtet sich zur Abgabe des gesamten Betrages und räumt dem Zechmeister das Recht ein, bei verspäteter Bezahlung und schlechter Bewirtschaftung den Weingarten wieder einzuziehen.

Siegler: 1. *Ulreich der Reindl*, landesfürstlicher Bergmeister zu Mödling
2. *Haynreich der Wurmprant*[1]), Pfarrer zu Perchtoldsdorf
3. *Jans von Wilhelmsburg*, Richter zu Perchtoldsdorf

KB: *fol.* 69r–70r.
Lit.: Petrin, Perchtoldsdorf 97, 401 (Anm. 35); 218, 464 (Anm. 16).

[1]) Vgl. Anm. 1 zu Nr. 26.

1419 Februar 5, Perchtoldsdorf 97

Hanns der Voytsperger[1]), Pfarrer zu Perchtoldsdorf, gestattet die Weihe einer zum Perchtoldsdorfer Spital gehörigen Kapelle, verfügt die Einsetzung eines Spitalkaplans, dessen Unterhalt und dessen Pflichten er festlegt, und bestätigt die Spitalsordnung.

Siegler: 1. *Hanns der Voytsperger*, Pfarrer zu Perchtoldsdorf
2. *Colomann*, Pfarrer zu Sankt Veit bei Pottenstein, Vikar von Mödling

KB: *fol.* 70r–71r.
Lit.: Petrin, Perchtoldsdorf 174, 441 (Anm. 15); Petrin, Geschichte Perchtoldsdorf 119, 182 (Anm. 197).

[1]) Vgl. Anm.1 zu Nr. 68.

[14]15 April 30, Wien[1]) 98

Agnes, die Witwe *Hanns des Gebliczer*, Bürgerin zu Perchtoldsdorf, ihre Tochter *Affra* und *Ulreich*, Priester zu Perchtoldsdorf, stiften eine ewige, an fünf Wochentagen im Spital von Perchtoldsdorf abzuhaltende Messe, mit deren Lesung ein Kaplan betraut wird. Dotiert wird die Stiftung mit vier Weingärten aus dem Besitz der *Gebliczer* bzw. mit einem Haus in der

Hochstraße und vier Weingärten, deren Besitzer der Geistliche *Ulreich* ist. Insgesamt sollen jährlich 21 *tl Wr. d* aufgebracht werden.

Siegler: 1. Bergsiegel Herzog Albrechts V.
2. *Hanns der Polczel*, Marktrichter zu Perchtoldsdorf und landesfürstlicher Verweser
3. *Gilg*, Propst des Dorotheerklosters zu Wien, Bergherr (siegelt auch im Namen des Bergherrn *Alex Gredner*)
4. *Lazer*, Pfarrer von Pöllau, Bergherr
5. Siegel des Deutschen Hauses zu Wien, Grundherrschaft
6. *Eberhart der Sleyher*, Amtmann des Bergherrn *Purchart von Winden*

KB: *fol.* 71[v]–74[r].
Regest: Petrin–Steuer, Archiv 18, Nr. 20.
Lit.: Petrin, Perchtoldsdorf 42; 173; 257, 494 (Anm. 110); Petrin, Maria Enzersdorf 199.

[1]) Die Eintragung hat fälschlicherweise 1315 als Ausstellungsdatum.

1414 Mai 6, Wien 99

Regest:
Herzog Albrecht V. erteilt dem von Beatrix von Nürnberg, Herzogin von Österreich, gegründeten und von ihr und anderen Personen ausgestattenen Spital in der Knappenstraße in Perchtoldsdorf eine Besitzbestätigung über vier Häuser, die Marktmühle und den Walchhof. Außerdem nimmt er das Spital und dessen Insassen in seinen besonderen Schutz.

KB: *fol.* 74[r]–74[v].
Lit: Petrin, Perchtoldsdorf 173.

Wir Albrecht von Gotes gnaden herczog ze Osterreich, ze Steyr, ze Kernden und ze Krain, grave ze Tyrol etc., bekennen offenleich mit dem brief, als die hochgeborn furstinn frawn Beatrix von Nueremberg, herczoginn ze Osterreich etc., unser liebe[a]) *fraw und ane, ain spital ze Perchtolczdorff, in der Knappenstrazz gelegen,erhebet und auch das bewidmet und gestifftet hat mit disen nachgenanten gutern und stukchen, die sy und ander frum leut darczugegeben habent nach lautt der stifftbrief, die daruber gemacht sind, daz wir angesehen haben der yeczgenanten unser frawn und anen lobleiche maynung, ir lauttre begierd und fleyssig pet und haben dadurch und zuvordrest Got zu lob und eren, zu aufhaltung und narung der siechen und durftigen menschen, die in demselben spital wonhaft sind, zu solicher stifft bewidmung und gab unsern willen und gunst geben und auch die bestett wissentleich mit dem brief in solicher mass, daz die obgemeldten gueter und stukch mit iren zugehorungen bey demselben spital nu furbasser ewikleich beleiben und da inngehebt und genossen sullen werden an menikleichs irrung und hindernuss nach der obgenanten stifftbrief ynnhaltung ungeverlich. Auch haben wir dasselb spital mitsampt seynen leuten und gueten*[b]) *in unser sunder gnad und scherm genomen wissentleich und mainen und wellen, daz bey seinen rechten, nuczen, leuten und guetern, die es yeczund hat oder hinfur gewinnet, vestikleichen ze schirmen und ze halten vor gewalt und unrechten. Und sind dis die obgemeldten guter und stukch: von ersten drew hewser, die dy vorgenant unser fraw und ane mit den geistleichen leutten von Genmyk ausgewechselt hat; item daz haws, gelegen zunagst demselben spital, das alles dieselb unser ane dahin geben hat; item so hat unser getrewr Steffan der Lang*[1]) *von Wienn darzugeben ein mul, genant die marktmul, gelegen daselbs ze Perchtolczdorff in der Knappenstrazz, davon man in das haws dacz Berchtolczdorff jerleich an sand Michelstag dient sechs schilling phennig; item der hof, genant der Walichhoff, auch gelegen zu Perchtolczdorff in der Knappenstrazz, den die erbern Barbara und Affra, weilent des Gebliczer tochter, demselben spital habent geben. Mit urchund dicz priefs geben zu Wienn an suntag vor sand Pangraczentag nach Christi geburd vierczehenhundert jar darnach in dem vierczehenten jar etc.*

[a]) Folgendes *r* durch Rasur getilgt.
[b]) Folgendes *die es yeczund* durch Punkte getilgt.

[1]) Vgl. Anm. 1 zu Nr. 9.

1399 Dezember 8, Perchtoldsdorf 100

Philipp der Futpekch aus Perchtoldsdorf und seine Ehefrau *Anna* verkaufen 2 *tl Wr. d* Burgrecht auf ihrem Weingarten unterhalb der Soß um 20 *tl Wr. d* an die Frauenzeche, die diesen Geldbetrag von *Hans dem Lang*, Marktrichter zu Perchtoldsdorf, für die Stiftung einer ewigen Messe in der Katharinenkapelle[1]) erhalten hat. Bei Zahlungssäumigkeit seitens der Burgrechtsschuldner hat die Frauenzeche das Recht auf Zwispildklage. Das Burgrecht kann durch Zahlung von 20 *tl Wr. d* und den nächsten Dienst abgelöst werden.

Siegler: 1. *Peter*, Prior der Kartause Gaming, Grundherr des Weingartens
2. *Chunrat der Polczel*, Judenrichter zu Perchtoldsdorf

KB: *fol.* 74v–75v.
Lit.: Petrin, Perchtoldsdorf 252, 487 (Anm. 36).

[1]) Vgl. Nr. 9.

1439 Februar 3 101

Paull Kamerstorffer, Zechmeister der Frauenzeche, und die ganze Bruderschaft der Frauenzeche bestätigen eine testamentarisch verfügte Seelgerätsstiftung des bereits verstorbenen *Thaman Turnkart*, mit deren Durchführung die Frauenzeche betraut wurde und deren Dotationsgut aus einem Viertelhof im Brunnerort und einem Weingarten unterhalb des Sonnberges bestand. Da die Zeche aber den genannten Viertelhof um 190 *tl Wr. d* verkauft hat, um damit den Ausbau der Perchtoldsdorfer Pfarrkirche zu finanzieren, soll der Jahrtag in Zukunft von einem Weingarten aus dem Besitz der Frauenzeche bestritten werden. Im Fall der Nichteinhaltung der Stiftung haftet die Frauenzeche mit ihrem Besitz.

Siegler: 1. Siegel der Frauenzeche zu Perchtoldsdorf
2. *Jorig der Schuchler*, Marktrichter zu Perchtoldsdorf

KB: *fol.* 76r–76v.
Lit.: Petrin, Perchtoldsdorf 152, 427 (Anm. 87); 250, 485 (Anm. 19).

Ich Paull Kamerstorffer, diczeit zechmaister unser frawn zech zu Perchtoltzdorf, und wir die bruder gemain, die in derselben zeche sind, wir vergehen fur uns und unser nachkomen und tun kund offenleich mit dem brief allen den, die in sehent, lesen oder horent lesen, lembtigen und kunftigen, als der erber man Thaman Turnkart seliger an sein lesten zeitten durch hail und trost willen sein und seiner vodern und nachkomen sellen in die vorgenant unser frawn zeche[a]*) geschaft hat, als dasselb sein geschefft in dem markpuch zu Perchtoltzdorf geschriben stet, zu ainem ewigen jartag und selgrett sein virtail an dem hoff mit seiner zuhorung, gelegen in Prunnerart, zunachst Stephans des Lanngen*[1]*) hoff, und ain weingartsecz under dem Sunperg*[b]*), der zway rechel ist, zunachst Niclas des Schueler secz; also daz ain yeder zechmaister unser frawn zeche von den obgeschriben zwain stukchen ainen ewigen jartag bey der pharrkirchen zu Perchtoltzdorf begen und ausrichten sol mit achzehen schilling phennigen geltz: von erst sol man geben acht henn dem schuelmaister und dem guster, yedem zwelf phennig, dem pharrer zu oblay vier bekch fur sechzikch phennig, wein fur XL d, fleisch fur XL d, man sol zwelf cherczen aufstekchen zu der vigiln und selambt dovon geben XL d, man sol armen leutten austaillen brott fur V ß d, wein fur III ß d, also bringt die sum achzehen schilling Wienner phennig. Auch schol ain yeder zechmaister, wer der dieczeit ist, an demselben tag, so man den jartag begennd ist, kauffen zway leineinew tucher und das armen lautten geben und austaillen. Nu haben wir obgemelt der zechmaister und auch die zechbrueder unser frawn zeche das vorgemelt virtail an dem hoff mit seiner zuhorung von merkleicher nottdurft wegen des kirchpaws unser frawn pharrkirchen verchauft umb hundertundnewnczikch pfunt phennig und dasselb gelt alles an das chirichpaw gelegt und gepawt. Und darumb so haben wir veraint mit gueten willen, mit wolbedachtem mutt zu der zeit, da wir ez wol getun mochten, und mit des erbern mans hannden Stephans des Seyringer, ainer des rats zu Perchtoltzdorff, diczeit des ersamen wolgelerten herren maister Thamans Ebendorffer von Haselpach*[2]*), lerer in der heiligen geschrifft, pharrer zu Perchtoltzdorff, ambtman daselbs, die vorgenanten achzehen schilling phennig geltz und auch die zway leineinew tucher gelegt und darumb verschriben unser frawn zech weingarten, ainen, gelegen an dem Sawruessel*[c]*), des vir rechel ist, zunachst Elspeten der alten Zechmaisterin weingarten, dovon man jerleichen dint dem vorgenanten maister Thaman und allen sein nachkomen pharrern zu Perchtoltzdorff an sand Michelstag XXX d zu rechtem gruntdinst und nicht mer. Also beschaidenleich, das ain yeder zechmaister unser frawn zeche, wer der diczeit ist, von dem vorgenanten weingarten den egemelten jartag mit den achzehen schilling phennig gelts und auch die egenanten zway leinein tucher alle jar jerleich zu dem benanten jartag albeg zu sand Johannstag zu den sunibentten begen, ausrichten und austaillen schullen in aller der maynung und stifft, so vor an dem brief geschriben stet, an allen abgankch und an underlozz ungeverleich. Wer aber, das ain zechmaister oder die zechbruder an dem egemelten jartag alle jar jerleich zu begen und auch an den egenanten zwain leinein*

tuchern auch jerleich armen lautten auszetaillen icht saumig wern in ain oder menigern stukchen und artikeln, so vor gemelt ist, allen den schaden, den der vorgenant maister Thaman[2]) *und sein nachkomen nement, denselben schaden und abgankch sullen sew haben dacz der egenanten unser frawn zeche und auf allen den guetern, die dazu gehornt an geverd. Des zu urchund geben wir den brief, besidelt mit der vorgenanten unser frawn zeche zu Perchtoltzdorff anhangen insigil. Und wann im ain yeder gruntherr selb nicht besteten mag, so hab ich vorgenanter maister Thaman*[2]) *vleizichleich gepeten den erbern, weisen Jorigen den Schuchler, richter zu Perchtoltzdorff, daz er sein insigil an meiner stat an den brief angehangen hat, im und sein erben an schaden. Geben an sand Blasntag do man zallt nach Kristi gepurd virzehenhundert und im newnunddreyssigisten jare etc.*
Von gleicher Hand: *Plebanus habet litteram.*

Rubrum:
Überschrift des 15./16. Jahrhunderts: *Viertlhoff in Prunnerort*

[a]) *Zeche* über der Zeile nachgetragen.
[b]) Vermerk des 15./16. Jahrhunderts am rechten Rand: *Sunpergsecz.*
[c]) Vermerk des 15./16. Jahrhunderts am linken Rand: *4 rechel weingarten am Saurussl dient ainem pharrer 30 d.*

[1]) Vgl. Anm. 1 zu Nr. 9.
[2]) Alphons Lhotsky, Thomas Ebendorfer. Ein österreichischer Geschichtsschreiber, Theologe und Diplomat des 15. Jahrhunderts = Schriften der *Monumenta Germaniae Historica* 15 (Stuttgart 1957); ders., Quellenkunde zur mittelalterlichen Geschichte Österreichs = MIÖG ErgBd XIX (Graz/Käln 1963), v.a.375–391; Petrin, Perchtoldsdorf 263ff; dies., Geschichte Perchtoldsdorf 320 (Register); Johannes Seidl, Thomas Ebendorfer, Enea Silvio Piccolomini und Johannes Hinderbach. Geistliche im Umkreis Friedrichs III. In: Kaiser Friedrich III. und seine Zeit = Beiträge zur Wiener Diözesangeschichte, Beilage zum Wiener Diözesanblatt 34/2 v. 1.9.1993, v.a. 39f; Paul Uiblein, Thomas Ebendorfer (1388–1464). In: Thomas Ebendorfer von Haselbach (1388–1464). Gelehrter, Diplomat, Pfarrer von Perchtoldsdorf. Katalog zur Ausstellung anläßlich der 600. Wiederkehr des Geburtstages von Thomas Ebendorfer in der Burg zu Perchtoldsdorf. Hrsg. Johannes Seidl (Perchtoldsdorf 1988) 14–39; ders., Aus den letzten Jahren Thomas Ebendorfers. In: MIÖG 100 (1992) 283–304.

1439 Februar 3 102

Paull Kamerstorffer, Zechmeister der Frauenzeche, und die gesamte Bruderschaft erhalten von *Thaman Ebendorffer*[1]), Pfarrer zu Perchtoldsdorf, ein Haus am Perchtoldsdorfer Marktplatz, genannt Bogenhof, im Wert von 50 *tl Wr. d* und geben dafür im Tauschweg einen Weingarten unterhalb des Sonnberges, der 65 *tl Wr. d* wert ist. Das Haus soll wie bisher drei Kaplänen der Perchtoldsdorfer Pfarre als Unterkunft dienen.

Von gleicher Hand: *Plebanus habet litteram.*

Siegler: 1. Siegel der Frauenzeche zu Perchtoldsdorf
2. *Jorig der Schuchler*, Richter zu Perchtoldsdorf
3. *Sebastian Fleischman*, Perchtoldsdorfer Ratsbürger

KB: *fol.* 77r–77v.
Lit.: Petrin, Perchtoldsdorf 40, 383 (Anm. 66); 150, 425 (Anm. 52).

[1]) Vgl. Anm. 2 zu Nr. 101.

1439 Jänner 17 103

Thaman Ebendorffer von Haselbach[1]), Pfarrer zu Perchtoldsdorf, beurkundet den Tausch des Bogenhofes[2]), in dem drei Kapläne untergebracht sind, gegen einen Weingarten unterhalb des Sonnberges, den er von der Frauenzeche erhält. Falls *Ebendorffer* noch zusätzlich einen Kaplan anstellt, soll es dem Pfarrer auf eigene Kosten gestattet sein, einen weiteren Wohnraum anzubauen. Zudem sollen die Kapläne der Aufsicht des Pfarrers unterstehen.

Siegler: 1. *Thaman Ebendorffer*, Pfarrer zu Perchtoldsdorf
2. *Jorig der Schuchler*, Richter zu Perchtoldsdorf

KB: *fol.* 78r–79r.
Regest: Petrin–Steuer, Archiv 22, Nr. 29.
Lit.: Petrin, Perchtoldsdorf 40, 383 (Anm. 66), 150, 425 (Anm. 52).

Ich maister Thaman Ebendorffer von Haselpach[1]), lerer in der heiligen geschrifft, pharrer zu Perchtoltzdorff, bekenn offenleich mit dem brief allen den, die nu lebent und hernach kunftig sind, als in den vorvergangen jaren erber lawt Got zu lobe und haill ir sele habent gerucht ze stifften etleich messe von new in meiner obgenant kirchen ze singen und wochenleich zu lesen und den kappellen derselben messe mit einer steten hawsung genug nicht habent furgesehen und darumb zu fuedrung derselben messe mit gueter bedechtnus und zeitigem ratte erber und weyser lautte hab ich ainen auswechsel getan mit den erbern und weysen Paullen dem Kamerstorffer, diczeit unser lieben frawn zechmaister zu Perchtoltzdorff, und mit den zechbruedern gemain derselben zeche: zway rechel weingarten, gelegen under dem Sunperg, genant des Turnkarts secze zunachst Niclas des Schueler secze, dovon man jerleich dint mir und meinen nachkomen, pharrern zu Perchtoltzdorff an sand Michelstag acht Wienner phennig zu rechtem gruntdienst und nicht mer, und die gescheczt ist mit den gesworen vierern umb fumfundsechzikch phunt phennig Wienner munzz. Und dogegen hab ich abgetreten und gib auch uber der egenanten zeche in krafft des briefs meiner kirchen haws, gelegen zu Perchtoltzdorff an dem Traidmarkt, genant der Pogenhoff[2]) mit aller seiner zuehorung zunachst Stephanns des Findts haws, der vormallen gehort hat zu sand Niclas messe, gewidemt nu auf meinen tische, dovon man auch jerleich dint mir und mein nachkomen an sand Merttentag sechzikch phennig zu rechtem gruntdinst und nicht mer, und das auch von den gesworen vierern und anderen erbern lautten, von baiden taillen darczu gegeben, geschaczt ist umb fumfczik phunt Wienner phennig, also das daz obgenant haws mit seiner zuhorung zu ainer vonung und hawssung der dreyer kappellen, die ycz darinne und all ir nachkomen wonung haben sullen. Und ob ich oder mein nachkomen wurden stifften einen kappellan hie ze Perchtoltzdorff, das derselb auch in dem benanten haws sol und mug auch sein wonung haben in aller der masse, als

ein ander ycz gestiffter kappellan in demselben haws hat, doch also, das wir auf unser aigen guett und zerung dann sullen pawn demselben ain kamer von new an der andern kappellen schaden und abgankch in dem yczgenanten haws, und auch mit willen und wissen der zechbrueder an geverd. Es sullen auch mir und mein nachkomen die benanten kappellen gehorsam sein in allen stukchen, die priesterleicher eer und guet siten berueren. Und sullen auch an besundern zu grossen hochzeiten uns zu der kirchen belaitten und den komen zu der metten mit irn korrokchen und all sambstag und veirtag sein bey der ersten und andern vespern in denselben und auch bey dem fronambtte und an urlab nicht zu Wienn gan noch uber velde und in allen andern stukchen, als das von alter herkomen ist. Und ob das hinfur beschehe, das ain pharrer die egenanten kappellen welt zu sich in den pharrhoff nemen und in kosst und kemer fursehen in denselben oder ob in von der zeche ausgezaigt wurd ain ander tugenleiche wonung mit willen und wissen mein und meiner nachkomen, so mag die obgenant zeche mit dem vorgenanten haws und seiner zuhorung allen iren frummen zu schaffen, handlen und tun an mein und meiner nachkomen und menikleichs irrung und widerred, an geverd. Ich bin auch vorgenanter maister Thaman Ebendorffer[1]) *und all mein nachkomen, pharrer zu Perchtoltzdorff, des egenanten hawss mit seiner zuhorung der egenanten zeche rechter gewer und scherm fur alle ansprach. Stund in aber icht krieg oder ansprach daran auf, was sy des schaden nymbt mit recht, das sol sy alles haben auf unserm und der kirchen guet an gever. Des zu urchund gib ich den brief, besidelt mit meinem anhangen insigill. Und hab zu mir vleizichleich gepeten den erbern Jorigen den Schuchler, richter zu Perchtoltzdorff, das er der sach zeug ist mit seinem insigill, im und sein erben an schaden. Geben an sand Anthonntag nach Kristi gepurd virzehenhundert und im nawnunddreyssigisten jar.*
Von gleicher Hand: *zeche habet litteram*

Rubrum:
Überschrift des 15./16. Jahrhunderts: *Sunpergsez Pogenhoff*

[1]) Vgl. Anm. 2 zu Nr.101.
[2]) Vgl. Nr. 102.

1439 April 26, Perchtoldsdorf[1]) 104

Paull Kamerstorffer, Zechmeister der Frauenzeche, und die ganze Gemeinschaft der Zechbrüder lösen Ritter *Hans dem Würffel*[2]) ein auf dessen, nunmehr zu einem Weingarten umgewidmeten, Hof zu Brunn lastendes Burgrecht von 3 *tl Wr. d*, das zur Dotation eines Jahrtages bestimmt war, gegen Überlassung von zwei Weingärten in Brunn ab, die in Hinkunft als Stiftungsgut des besagten Jahrtages dienen sollen.

Siegler: 1. Siegel der Frauenzeche zu Pertoldsdorf
2. *Thaman Ebendorffer* von Haselbach[3]), Pfarrer zu Perchtoldsdorf
3. *Sebastian Fleischman*, Perchtoldsdorfer Ratsbürger

KB: *fol.* 79[v]–80[r].

[1]) Vgl. auch Nr. 105.
[2]) Sailer, Ratsbürger 451 (Nr. 37).
[3]) Vgl. Anm. 2 zu Nr. 101.

1439 April 26, Wien 105

Ritter *Hanns Würffel*[1]) bestätigt der Frauenzeche die Überlassung seiner zwei, in der Heugasse und in der Streitpeunt zu Brunn gelegene, Weingärten, die künftig zur Sicherstellung der obgenannten 3 *tl Wr. d* [Nr.104] Burgrecht dienen sollen. Von dieser dem Zechmeister der Frauenzeche jährlich zu zahlenden Geldsumme soll die Hälfte, also 12 *ß Wr. d*, zur Abhaltung eines von *Wolfker* von Rodaun und seiner Gattin *Leukart* zur Perchtoldsdorfer Pfarrkirche gestifteten ewigen Jahrtages, die andere Hälfte für etwaige Bedürfnisse der Pfarrkirche verwendet werden. Eventuell existierende Dokumente, die Ansprüche Dritter an den genannten Weingärten enthalten, sollen rechtsungültig sein.

Siegler: 1. Ritter *Hanns der Würffel*[1])
2. *Jacob Nurenberger*, oberster Kaplan der Unser Frauen- und St. Johanneskapelle in der Burg zu Wien, Grundherr der besagten Weingärten
3. *Oswald Reicholf*, Wiener Ratsbürger[2])

KB: *fol.* 80v–81v.

[1]) Vgl. Anm. 2 zu Nr. 104.
[2]) Perger, Ratsbürger 233 (Nr. 399).

1419 Juni 9, Wiener Neustadt 106

Hanns Voitsperger[1]), Pfarrer zu Perchtoldsdorf, verfügt in seinem Testament die Stiftung einer wöchentlich fünfmal zu zelebrierenden Messe, die viermal auf dem Gottesleichnamsaltar der Pfarrkirche und einmal in der Peterskapelle auf dem Weinberg zu feiern ist. Mit der Ausführung der Meßfeier soll ein Kaplan betraut werden, für dessen Tätigkeit jährlich 8 *tl Wr. d* und für dessen Unterhalt jährlich 10 *tl Wr. d* aufgewendet werden. Zudem stiftet *Voitsperger* einen zu jeder Quatember für ihn abzuhaltenden Jahrtag, bestehend aus Vigilie und nachfolgender Grabprozession am Donnerstag, einem gesungenen Seelamt am Freitag und einer Salve-Regina-Andacht am Samstagabend. Das gesamte Stiftungsgut, das aus einem Hof in der Knappenstraße, 11 Rechel Weingärten und 21 Tagwerk Wiese besteht, wird der Perchtoldsdorfer Pfarre übertragen. Sollte der Pfarrer seinen Verpflichtungen jedoch nicht nachkommen, geht das Dotationsgut in die Verwaltung der Frauenzeche über, die in diesem Fall den betreffenden Pfarrer zu entschädigen hat.

Siegler: 1. *Hans Voitsperger*[1]), Pfarrer zu Perchtoldsdorf
2. *Erhart Haidem*[2]), Bürgermeister zu Wiener Neustadt
3. *Hanns der Hoffleich*[3]), Wiener Neustädter Ratsbürger

KB: *fol.* 82r–83v.
Lit.: Petrin, Perchtoldsdorf 251, 486 (Anm. 34), 252, 487 (Anm. 37); 252, 487 (Anm. 46); 254, 490 (Anm. 76); 257f; 277); 280, 507 (Anm. 110); 280, 507

(Anm. 112); Petrin, Maria Enzersdorf 196; Petrin, Geschichte Perchtoldsdorf 152, 185 (Anm. 57); 156, 186 (Anm. 74).

In dem namen der heiligen und ungetailten drivaltikait amen. Ich Hanns Voitsperger[1]*), zu den zeiten pharrer zu Perchtoltzdorff, bekenn mit dem brieff, das ich mein geschefft getan hab und tun auch wissenleich, als ich will und maine, das ez nach meinem tod also stet und unverchert beleiben sol, und hab das gegenburtig mein geschefft getan und gemacht mit wolbedachtem mutt und gesunden leib, zu der zeit, da ich ez wol getun mocht und hab das bedechtleich hie nacheinander vermerkt, als hernach geschriben stet. Item von erst so schaff ich ain ewige mess auf unsers herren leichnam altar in der pharrkirchen daselbs zu Perchtoltzdorff alle wochen vier zu volbringen und die fumft auf den Weinperg, als lonng unczt das die kappellen daselbs mit ainer mess gestifft wirdet, so sol dann dieselb fumft mess auch auf dem egenanten altarn gesprochen werden und daselbs vor unsers herren leichnam ain ewigs liecht tag und nacht ze brinnen und leuchten. Auch das man alczeit und albeg, wenn man die siechen mit Gotz leichnam beruchen wil, vier knaben und schueler in korroklein und mit vier latern, in yeder ain brinundes liecht, vor dem sacrament tragen sol und mit gesang dovor singen als Homo Quidam Ecce Panis etc., so dovor*[a]*) ze singen gepurdt. Ich schaff alle jar jerleich in yeder quattemer an dem phincztag ze abent ain gesungne vigiln mit nawn leccion, und dabey sullen sein acht priester, der schulmaister mit sein knaben, und der guster sol das ausrichten mit gelawtte, und sullen darnach uber das grab gen, als gewondleich ist. Und darumb sol man denselben acht priestern, dem schuelmaister und dem guster yedem acht phennig geben, und dem pharrer fur oblay sechzikch phennig, umb kerczen vierundzwainczikch phennig, und armen lautten umb bratt sechsundsibenczk phennig, und an dem freitag ain gesungen selambt; item und alle sambsttag zu abende das Salve Regina gesungen mit den knaben und mit ainer sequenczen von unser frawn und auf demselben altar mit drein prynunden stekcherczen, ausgenomen in der Vasten nicht. Darczu schaff ich meinen hoff, gelegen daselbs in der Knappenstras, mit seiner zuegehorung und ain rechel weingarten in der Hewgassen*[b]*) und drew rechel weingarten an dem Prunnerperg*[c]*) und ain rechel weingarten an dem Stain Viechparcz*[d]*) und vier rechel weingarten von Dietlein Newnsteter, der drew gelegen sind im Schuczengraben*[e]*) und ains an dem Viechparcz*[f]*) und zway rechel weingarten von Ruedel Rorvogel, gelegen im Perbistall*[g]*) und achzehen tagwerch wismad*[h]*) zu Gunderstorf und drew tagwerch wismads*[i]*) in dem Guetenpach inner Kalsperg, die ich alle umb mein berait aigenhaft gut gekauft hab. Und dieselben vorgenanten gueter und weingerten schaff ich in den pharrhoff daselbes ainem pharrer und doch der kirchen zu vergueten. Wolt aber ain pharrer die nicht vergueten und doch innehaben, so schaff ich ez in unser frawn zeche, und das man das ainem pharrer verguete, und auf dieselb vorgeschriben stukch alle schaff ich dreyssikch pfunt phennig gelts, dovon schol man geben ainem kappellan zu meiner obgeschriben mess alle jar acht pfunt phennig*[j]*) und ain phunt phennig*[j]*) umb leslicht und dem pharrer fur die kosst zehen pfunt phennig und zu dem ewigen liecht zwelf schilling phennig und zu den latern drew pfunt und zu dem jartag vier pfunt phen-*

nig und zu dem Salve Regina dritthalb pfunt. Item ich schaf auch zu meiner mess mein mespuech und mein kelich, den pessern, und mein vergolts chraucz und mein guldein messgwant. Item ich schaff gen Voitzsperg mein gruen mesgwant und die grun kappen; item das plab gestreifft mesgwant und mein grass speciall und den andern kelich zu sand Peters kappellen auff den Weinperg. Die andern messgwant und kappen schaff ich alle zu der benanten pharrkirchen gen Perchtoltzdorff; item das silbrein rauchvazz und daz silbrein plenarii und die silbrein vergelt chebschen und zwo silbrein ampullen auch zu derselben kirchen. Auch schaff ich mein haws, gelegen in der Newnstat, und meinen pawngarten, gelegen hinder meinem mairhoff daselbs in der vorstat, in die kappellen gen hoff daselbs, das man das alles verkauff und zu der benanten kappellenstifftung anleg. Ich schaff auch zu der benanten kappellen mein saffrangarten, auch daselbs bey meinem mairhoff gelegen, ewichleich bey der benanten kappellen zu beleiben. Ich schaff auch alles mein vorund guet, puecher, gwant, silbergeschir, hawsgeschir, pett und petgwant, wein, traid und pherdt nach innhaltung und lautt meiner besidelten zedel. Und ob ich obgenanter Hans Voytzsperger[1]) *an dem todpett ichts schueff, das ich mit gueter verstentichait tett, das sol auch krafft haben und schol auch mich das obgeschriben mein gescheffft daran nichts irren. Ich behalt auch mir ganczen und vollen gewalt und behabts recht, das gegenvurtig mein gescheffft furbas ob ez zu schulden chumbt nach schikung des almechtigen Gots zu meren und zu mynnern, und enphil ich auch das meynen besundern lieben herren und frewnden, hern Erhartten Strainer*[4]), *korherr dacz sand Stephan ze Wienn, und Andren Kellner, diczeit meins genedigen herren herczog Albrechts etc. kuchenmaister, und Wernharten dem Hawgen, burgermaister dacz Berchtoltzdorff, und Hainreichen Amberger, burger daselbs, und dem erbern weisen mann Berchtold von Manngen*[5]), *diczeit huebmaister in Osterreich, des gescheffft zu einem obman. Und bitt auch durch Gots willen und durch des grossen getrawn, so ich vor menikleich zu euch hab, das ir das gescheffft getrewleich und wissenleich also ausrichtet und volfurt, als ir dann Got an dem jungisten tag werdet antworten. Und ob mich yemant an inn irret, so enpind ich mich gegen dem almechtigen Gott und ist mir laid die verantwurtten, das vor dem gerechten und engstleichem richter, dafur wir alle muessen komen an dem jungisten tag, als wir kristen gelauben. Und des zu urchund des obgeschriben meinem geschäfft, so ich obgenanter Hans Voitzsperger*[1]) *hab getan, hab ich mein aigen insigil zu bestetigung der warhait an den brief gehengt. Darczu hab ich vleizichleich gepeten die erbern fursichtigen Erhartten Haidem*[2]), *diczeit burgermaister in der Newn stat, und Hannsen den Hoffleich*[3]), *burger und des rats daselbs, das sew irew insigil zu merer zeugnus auch an den brief habent gehengt, in und iren erben an schaden. Geben zu der Neuenstat an freitag in* [*der*] *heiligen Phingstwochen nach Kristi geburd virzehenhundert jar und darnach in dem newnzehentten jare.*

Rubrum:
Überschrift des 15./16. Jahrhunderts: *Des Voitsperiger geschäfft*

[a]) *n* zu *r* verbessert.
[b]) Vermerk des 15./16. Jahrhunderts am linken Rand: *Heugasse.*

[c]) Vermerk des 15./16. Jahrhunderts am linken Rand: *Prunnerperg.*
[d]) Vermerk des 15./16. Jahrhunderts am linken Rand: *Viechparz.*
[e]) Vermerk des 15./16. Jahrhunderts am linken Rand: *Schuzengraben.*
[f]) Vermerk des 15./16. Jahrhunderts am linken Rand: *Viechparz.*
[g]) Vermerk des 15./16. Jahrhunderts am linken Rand: *Perbestall.*
[h]) Vermerk des 15./16. Jahrhunderts am linken Rand: *18 tagwerch wismads.*
[i]) Vermerk des 15./16. Jahrhunderts am linken Rand: *3 tagwerch wismats.*
[j]) – [j]) Vom Schreiber am linken Rand hinzugefügt.

[1]) Vgl. Anm. 1 zu Nr. 68.
[2]) Mayer, Wiener Neustadt II/2 366 (Register).
[3]) Mayer, Wiener Neustadt II/2 368 (Register).
[4]) *Strainer* dürfte nicht mit *Erhard von Perchtoldsdorf*, der erst 1420 in das Kollegiatkapitel zu St. Stephan aufgenommen wurde, sondern eher mit *Erhard Stradmer Stiriensis*, der am 1. Februar 1428 verstarb, identisch sein.– Vgl. Göhler, Domkapitel 232 (Nr. 131). Hermann Zschokke, Geschichte des Metropolitan-Capitels zum Heiligen Stephan in Wien (Wien 1895) 381 (Nr. 106), nimmt irrigerweise Identität zwischen beiden Personen an.
[5]) Karl Schalk, Österreichs Finanzen unter Berthold von Mangen 1412–1436. In: Bll LKNÖ NF XV (1881) 277–299.

[1444 Mai 9][1]) 107

Sebastian der Fleissman, Zechmeister der Frauenzeche, und die Gemeinschaft der Zechbrüder bestätigen den Erhalt der von Pfarrer *Hanns Voitsperiger*[2]) zur Dotation seiner obgenannten Stiftungen bereitgestellten Güter [Nr. 106], die *Thoman* [*Ebendorfer*] *von Haselbach*[3]), Pfarrer zu Perchtoldsdorf, an die Zeche abgetreten hat, die nun die Stiftungsbestimmungen durchführt. Sollte die Frauenzeche den Verkauf oder Tausch eines der genannten Güter beabsichtigen, ist dazu die Einwilligung des jeweiligen Pfarrers von Perchtoldsdorf einzuholen. Der Kaplan, der gemäß der letztwilligen Verfügung *Voitsperigers* mit der Zelebrierung der vorher erwähnten Messen betraut ist, soll der Aufsicht des Perchtoldsdorfer Pfarrers unterstehen.

Siegler:
1. Siegel der Frauenzeche zu Perchtoldsdorf
2. *Sebastian der Fleissman*, Zechmeister der Frauenzeche
3. *Wolfgang der Hasler*, Richter zu Perchtoldsdorf, Mitglied der Frauenzeche
4. *Stephan der Seyringer*, Mitglied der Frauenzeche
5. *Gorig der Schuchler*, Mitglied der Frauenzeche

KB: *fol.* 84r–86r.
Lit.: Petrin, Perchtoldsdorf 277, 505 (Anm. 93); Petrin, Geschichte Perchtoldsdorf 138, 184 (Anm. 32); 154, 185 (Anm. 64).

[1]) Die Urkunde trägt kein Datum. Datierung nach Petrin, Perchtoldsdorf 505 (Anm. 93).
[2]) Vgl. Anm. 1 zu Nr. 68.
[3]) Vgl. Anm. 2 zu Nr. 101.

[14]76 März 14, Mödling[1]) XIV

Die Frauenzeche verkauft an *Wolfgang Widmer* einen vier Rechel großen Weingarten am Brunnerberg um 50 *tl Wr. d*, behält sich jedoch ein Rückkaufsrecht innerhalb der folgenden zwei Jahre vor. Sollte die Frauenzeche während dieses Zeitraumes von ihrem Recht keinen Gebrauch machen, geht der Weingarten endgültig in *Widmers* Eigentum über.

Von gleicher Hand: *Conrad Wannger*[2]*), dieczeit pergmaister zu Medling.*

KB: *fol.* 86v.

[1]) In der Eintragung wird *Lienhart Hawsner*, Zechmeister der Frauenzeche im Jahre 1476, genannt; vgl. Petrin, Perchtoldsdorf 114.

[2]) Vgl. Giannoni, Mödling 312.

[14]97[1]) XV

Die Frauenzeche erhält vom St. Elisabethspital[2]) zu Perchtoldsdorf einen Weingarten, genannt Twirich, zu Halbbaurecht auf 14 Jahre, wovon die ersten vier Jahre abgabenfrei, während der weiteren 10 Jahre aber jeweils 6 *tl Wr. d* als Pachtsumme zu entrichten sind. Die sich aus dieser vertraglichen Abmachung ergebende Gesamtsumme von 60 *tl Wr. d* wird von *Mertt Mayrhoffer*, Zechmeister der Frauenzeche, an die Spitalmeister *Pernhart Waldner* und *Steffan Leb* im voraus bezahlt.

KB: *fol.* 87r.

[1]) Der in der Eintragung genannte *Mertt Mayrhoffer* war Zechmeister der Frauenzeche in den Jahren 1488, 1495 und 1498/99; vgl. Petrin, Perchtoldsdorf 115.

[2]) Zur Geschichte des Perchtoldsdorfer Spitals St. Elisabeth im Mittelalter vgl. Petrin, Perchtoldsdorf 172–181.

Rechnung über die Ausgaben der Frauenzeche aus dem Jahre 1519.

KB, *fol.* 87v–88r
Lit.: Petrin, Perchtoldsdorf 270, 501 (Anm. 55, Anm. 56, Anm. 57); 271, 502 (Anm. 62).

[a]) Vermergkht di järlich aus/gabe in pharrhof, so man thuet von / unnser lieben[a]*) frawen burgerzeche zu Berich/toldstorff fur di briesterschafft, schuelmaister / und custos daselbs umb ettlich gotzdiennst,/ jartäge und annders etc., wie von alltter / herkhomen ist.*

1519

item zum ersten gibt mann järlich dem herren pharrer LVIII tl II ß d[b]*)*

item den baiden predigern mitennander fur pidgelltt, liechtgeltt, Salve Regina; item von der mess im phar-

hof auch den jartägen und von
dem umbgang am sonntage VIII tl IIII ß XXII d

item den zwaien fruemessern mitenannder
fur iren jarsoldt . . . . *XVI tl d*
idem von jartägen . . . . *II tl VI ß XXVI d*
idem rauchgeltt . . . . *LX d*
idem liechtgeltt . . . . *II tl d*

item dem schuelmaister von jartägen . . . . *I tl V ß*
idem vom frueambt . . . . *II tl d*
idem vom Salve Regina . . . . *V ß d*
idem vom umbgang am sontage . . . . *III ß X d*
idem vom phsalltter in der Marterwochen . . . . *VI ß d*

item sandt Wolffgangsaltar caplan
fur sein soldt . . . . *VIII tl d*
liechgeltt . . . . *I tl d*
idem
von jartagen . . . . *IIII ß d*

item dem caplan
im spital von den jartägen . . . . *LXXII d*

item Allerseelenzeche[c]*) caplan von den jartägen* . . . . *LIIII d*[d]*)*

item der Zwellffpothenzeche caplan von den jartägen LIIII d

item dem organisten fur sein soldt . . . . *VIII tl d*

item fur dy tagtzeit corpus Christi jarlich den caplan IIII ß[e]*)*
item dem custos von dem Salve uber jare . . . . *VI ß d*[e]*)*

von der ur zu richten . . . . *LX d*
von dem mittaglewten . . . . *LX d*
vom freytaglewten . . . . *LX d*

idem von den kertzen zu machen
uber jare . . . . *I tl IIII ß d*
von jartägen . . . . *I tl VI ß*
von der samlung und auff-
zundung des wachssen rats in der
kirchenn . . . . *LX d*

summa summarum
facit CXVII tl[f]*) XXVIII d* . . . . *XXVIII*

[a]) – [a]) In Auszeichnungsschrift
[b]) Folgende Zeile gestrichen: *darauss gepurt fur drey Kaplan fur yeden 16 tl d in die phruendt*
[c]) *-zeche* über der Zeile nachgetragen.
[d]) Gestrichen: *LXXXIIII d.*
[e]) – [e]) Eintrag von anderer Hand.
[f]) Gestrichen: *IIII ß.*

Register der Personen- und Ortsnamen

Vorbemerkung

Das vorliegende Register lehnt sich in seinem Aufbau im Wesentlichen an das in den „Quellen zur Geschichte der Stadt Wien" enthaltenen Namenregister an, weshalb ich an dieser Stelle auf die Einleitung von Karl Uhlirz im ersten Band der zweiten Abteilung jener Arbeit[195]) verweise. Da dieses Regestenwerk nicht eben leicht zugänglich ist und sich zudem im vorliegenden Verzeichnis gewisse Abweichungen vom Vorbild ergaben, seien die wichtigsten Anordnungskriterien kurz skizziert.

Die Ortsnamen sind, soweit sie lokalisiert werden konnten, in moderner Schreibweise in das Register aufgenommen worden; die originale Schreibweise folgt in Kursivschrift zwischen runden Klammern. Unter die Ortsnamen wurden auch sämtliche Flur- und Weingartenbezeichnungen sowie alle einen Eigennamen tragenden Örtlichkeiten, insbesondere Kirchen, Kapellen und Klöster und die darin befindlichen Altäre aufgenommen.

Auch die Personennamen wurden normalisiert und die orginale Namensform in runden Klammern beigefügt, wobei die im Kopialbuch verwendeten Artikel weggelassen wurden. Im Gegensatz zu den „Quellen zur Geschichte der Stadt Wien" wurde auf eine Auflistung der Vornamen verzichtet, um eine Überfrachtung des Registers zu vermeiden. Dies gilt natürlich nicht für jene Personen, die sich lediglich eines Vornamens bedienten.

Der jeweiligen Namensform ist die entsprechende Regestennummer in Normalschrift beigegeben. Bei Personen, die in der Einleitung genannt werden, wird die Seitenzahl in Kursive beigesetzt. Personen, die im Urkundentext eine Herkunftsangabe haben, werden unter dem entsprechenden Ort nochmals angeführt. Übte eine Person eine bestimmte Funktion wie Bürgermeister, Ratsbürger, landesfürstlicher Pfleger usw. aus oder wird er in der Quelle als Bürger bezeichnet, so findet sich sein Name unter dem entsprechenden Ort wieder, wo ihm auch die Jahreszahlen seiner urkundlichen Nennungen beigefügt sind. In gleicher Weise wurden die in der Quelle vorkommenden Perchtoldsdorfer Handwerker behandelt, die unter dem Ort und dem entsprechenden Berufszweig verzeichnet sind. Für den Fall, daß Verwandtschaftsbeziehungen zwischen einzelnen Personen festgestellt werden konnten, wurden diese bei den betreffenden Namen in runden Klammern hinzugefügt. Sämtlichen Urkundensieglern, deren Namen im Sieglerverzeichnis nochmals aufscheinen, ist die Bezeichnung „Siegler" in Kursivschrift beigegeben.

---

[195]) Quellen zur Geschichte der Stadt Wien. II. Abteilung: Regesten aus dem Archive der Stadt Wien. Bd. 1: Verzeichnis der Originalurkunden des städtischen Archivs 1239–1411. Bearb. Karl Uhlirz. Hrsg. Alterthumsverein zu Wien (Wien 1898) 482–484.

Was die alphabetische Anordnung der Personen- und Ortsnamen im Anlaut anlangt, wurde der Buchstabe *C*, der keinen eigenen Lautwert aufweist, entweder dem *K* oder dem *Z* zugeordnet. Der Wechsel zwischen Media und Tenuis fand keine Beachtung, sodaß *B* und *P* sowie *D* und *T* zusammengezogen wurden. Der Buchstabe *V*, der in den Eintragungen des Kopialbuches stets den Lautwert eines *F* besitzt, wurde mit diesem Buchstaben zusammengelegt.

Im In- und im Auslaut wurde im Gegensatz zu den „Quellen zur Geschichte der Stadt Wien" die moderne Orthographie vollständig beibehalten. Dies geschah aus zwei Gründen: Zum einen weicht hier die mittelalterliche von der heutigen Schreibweise nicht erheblich ab und zum anderen wurde damit beabsichtigt, dem Leser eine leichtere Orientierung bei der Benützung des Registers zu ermöglichen.

Abkürzungen:

†	verstorben
AM	Amtmann
BergM	Bergmeister
Bez.	Bezirk
Bg	Bürger
Br	Bruder
BrBr	Brüder
GB	Gerichtsbezirk
Gem	Gemahl(in)
gdhl	grundherrlich
Gschw	Geschwister
Gvt	Großvater
JR	Judenrichter
Kom.	Komitat
Kr	Kinder
lf	landesfürstlich
MGde	Marktgemeinde
MFz	Mitglied der Perchtoldsdorfer Frauenzeche
MR	Marktrichter
Mtr	Mutter
NÖ	Niederösterreich
OÖ	Oberösterreich
PD	Perchtoldsdorf
PDr	Perchtoldsdorfer
PfK	Pfarrkirche
RBg	Ratsbürger
Schwa	Schwager
Schwä	Schwägerin
Schwe	Schwester
SchwMtr	Schwiegermutter
SchwSo	Schwiegersohn
SchwTo	Schwiegertochter
SchwVtr	Schwiegervater
So	Sohn
Sö	Söhne
Stmk	Steiermark
Ta	Tante
Verw	Verweser
Vet	Vetter
Vtr	Vater
Wr	Wiener
ZM	Zechmeister
ZMFz	Zechmeister der Perchtoldsdorfer Frauenzeche
zw.	zwischen

Register

F, V

I, J

J siehe I

C, K

S

Verzeichnis der Siegler

C, Z

Chronologische Reihung der Eintragungen[196])

1. Urkunden

Datum, Ort Nr. *fol.*

*1318 Mai 12, Perchtoldsdorf *33* 22^{r}
1322 April 23 *29* 19^{r}–19^{v}
1326 März 27, Wien *35* 22^{v}–23^{v}
1326 März 28, Wien *34* 22^{r}–22^{v}
1326 März 28, Wien *36* 23^{v}
1326 März 28 *57* 41^{v}–42^{r}
1326 Juli 4 *91* 67^{r}–67^{v}
1329 November 29 *65* 46^{v}–47^{r}
*1339 Februar 28, Wien *42* 28^{v}–29^{r}
1339 Oktober 26, Wien *58* 42^{r}–42^{v}
1341 Mai 3, Perchtoldsdorf *66* 47^{v}–48^{r}
1341 Mai 3, Perchtoldsdorf *82* 59^{v}–61^{r}
*1342 November 11, Perchtoldsdorf *54* 39^{r}–39^{v}
1343 Dezember 6, Perchtoldsdorf *72* 52^{r}–52^{v}
1344 Mai 12, Wien *55* 39^{v}–40^{v}
1345 Juni 3, Wien *31* 20^{r}–21^{r}
1349 Juni 3 *76* 55^{v}–56^{r}
1349 November 11, Perchtoldsdorf *67* 48^{r}–48^{v}
1350 Mai 12 *70* 51^{r}
*1351 Juli 21 *71* 51^{r}–52^{r}
1351 November 24 *60* 43^{r}–44^{r}
1354 Mai 29 *78* 56^{v}–57^{v}
*1355 Februar 3 *84* 61^{r}–62^{r}
1355 Februar 26 *83* 61^{r}
1356 März 16 *96* 69^{r}–70^{r}
1357 Jänner 10, Perchtoldsdorf *30* 19^{v}–20^{r}
*1359 Jänner 8 *45* 31^{r}–31^{v}
1361 Juli 9, Wien *7* 4^{r}–4^{v}
*1362 März 17 *59* 42^{v}–43^{r}
1366 März 6 *24* 16^{r}–16^{v}
1367 Dezember 10 *95* 68^{v}–69^{r}
1368 März 6, Wien *32* 21^{r}–21^{v}
1370 März 12 *26* 17^{v}–18^{r}
*1370 April 2 *79* 57^{v}–58^{r}
1371 November 29 *75* 55^{r}–55^{v}
1372 April 21 *21* 14^{r}–14^{v}
1372 Mai 22 *80* 58^{r}–58^{v}
1372 Juli 13 *41* 27^{v}–28^{v}

---

[196]) Die mit * versehenen Eintragungen wurden in vollem Wortlaut wiedergegeben.

1374 November 21 *77* 56^{r}–56^{v}
1376 Juli 22 *61* 44^{r}–44^{v}
1378 Jänner 23, Perchtoldsdorf *19* 12^{v}–13^{r}
1379 Jänner 27 *63* 45^{r}–45^{v}
*1380 Juli 25 *87* 64^{r}–64^{v}
1381 April 21 *8* 4^{v}–6^{v}
1384 Dezember 1 *5* 2^{v}–3^{r}
1385 Dezember 21 *20* 13^{r}–13^{v}
*1386 Juli 20 *81* 59^{r}–59^{v}
1387 März 6 *74* 53^{v}–55^{r}
1388 Juni 24, Wien *28* 19^{r}
1388 Juni 24, Wien *92* 67^{v}
1388 Dezember 18 *64* 46^{r}–46^{v}
1389 Dezember 8 *6* 3^{r}–3^{v}
1390 August 2 *73* 52^{v}–53^{v}
1390 Oktober 13 *62* 44^{v}–45^{r}
1390 Dezember 20 *2* 1^{v}
1391 Jänner 2 *1* 1^{r}
1391 März 9 *3* 2^{r}
*1391 April 1 *85* 62^{r}–63^{r}
1391 Juli 25 *22* 14^{v}–15^{r}
*1391 September 1 *86* 63^{r}–63^{v}
*1394 Dezember 20, Perchtoldsdorf *52* 37^{r}–38^{r}
1397 März 16, Perchtoldsdorf *23* 15^{r}–16^{r}
1397 August 6 *49* 34^{v}–35^{r}
1397 Dezember 6 *48* 33^{v}–34^{r}
*1398 April 27, Perchtoldsdorf *90* 66^{r}–66^{v}
1398 Dezember 3, Perchtoldsdorf *43* 29^{v}–30^{r}
1399 Oktober 26, Wien *58* 42^{r}–42^{v}
*1399 November 20 *37* 24^{r}–24^{v}
*1399 November 24, Perchtoldsdorf *9* 6^{v}–8^{r}
*1399 Dezember 4 *46* 31^{v}–32^{v}
1399 Dezember 8, Perchtoldsdorf *100* 74^{v}–75^{v}
1399 Dezember 22, Perchtoldsdorf *44* 30^{r}–31^{r}
1400 Februar 25 *53* 38^{r}–39^{r}
1402 Februar 9 *12* 8^{v}–9^{r}
1405 März 21 *27* 18^{r}–18^{v}
1405 Juli 23 *25* 16^{v}–17^{v}
1406 Jänner 21 *40* 26^{v}–27^{v}
1409 November 15, Perchtoldsdorf *17* 11^{v}–12^{r}
1409 November 21, Perchtoldsdorf *94* 68^{v}
1410 Jänner 5 *93* 67^{v}–68^{r}
1414 April 2 *47* 32^{v}–33^{r}
1414 April 21 *50* 35^{r}–36^{r}
*1414 Mai 6, Wien *99* 74^{r}–74^{v}
*1414 Juli 8, Wien *11* 8^{v}
1415 Februar 22 *14* 10^{r}–10^{v}
1415 März 1 *16* 11^{r}–11^{v}
1415 März 26 *89* 65^{v}–66^{r}

1415 April 30, Wien *98* 71^{v}–74^{r}
1415 Dezember 4 *51* 36^{r}–37^{r}
1415 Dezember 23 *18* 12^{r}–12^{v}
*1416 Oktober 16 *88* 64^{v}–65^{r}
1417 März 1 *13* 9^{r}–9^{v}
*1417 Mai 28 *68* 48^{v}–50^{r}
1417 Oktober 16 *69* 50^{r}–50^{v}
1419 Jänner 20 *15* 10^{v}–11^{r}
1419 Februar 5, Perchtoldsdorf *97* 70^{r}–71^{r}
*1419 Juni 9, Wiener Neustadt *106* 82^{r}–83^{v}
1419 September 26, Hainburg *10* 8^{r}
1421 Juni 13 *56* 40^{v}–41^{r}
1422 Februar 27 *4* 2^{r}–2^{v}
1423 November 19 *38* 24^{v}–25^{v}
1423 November 19 *39* 25^{v}–26^{v}
*1439 Jänner 17 *103* 78^{r}–79^{r}
*1439 Februar 3 *101* 76^{r}–76^{v}
1439 Februar 3 *102* 77^{r}–77^{v}
1439 April 26, Perchtoldsdorf *104* 79^{v}–80^{r}
1439 April 26, Wien *105* 80^{v}–81^{v}
[1444 Mai 9] *107* 84^{r}–86^{r}

2. Grundbücherliche Eintragungen

Datum, Ort Nr. *fol.*

[14]76 März 14, Mödling XIV 86^{v}
[14]87 I I^{r}
[14]87 II I^{r}
[14]92 IV I^{v}
[14]92 V I^{v}
[14]92 VI I^{v}
[14]93 III I^{v}
[14]95 Jänner 18 VII I^{v}
*[14]95 Jänner 18 VIII II^{r}
[14]95 September 27 IX II^{r}
[14]96 Jänner 21 X II^{r}
[14]97 XV 87^{r}
1500 Februar 11 XI II^{v}
1501 November 20 XII II^{v}
[15]02 September 29 XIII III^{r}

3. Rechnung über die Ausgaben der Frauenzeche

*1519 87^{v}–88^{r}

Ungedruckte Quellen

1. *Archiv der Marktgemeinde Perchtoldsdorf (AMP)*

1.1. *Urkunden*

AMP, Urk. Nr. 3, 1329 März 26, Wien
AMP, Urk. Nr. 25, 1426 November 2
AMP, Urk. Nr. 26, 1428 November 5
AMP, Urk. Nr. 28, 1436 März 29
AMP, Urk. Nr. 29, 1439 Jänner 17

1.2. *Handschriften*

AMP, *B-142-1a*, *B-142-1b*: Zechenbücher der Frauenzeche ca. 1424 - ca. 1480

AMP, *B-147-1*: Inventar der Besitzungen der Pfarre Perchtoldsdorf mit Verzeichnis der Archivalien der Pfarre, angelegt 1557, erhalten als Abschrift des 18. Jahrhunderts

2. *Niederösterreichisches Landesarchiv (NÖLA); Ständisches Archiv*

a) Urkunden

NÖLA, Urk. Nr. 4316, 1316 Oktober 13, Wien

b) Handschriften

NÖLA, *Hs. 411*: Kopialbuch der Perchtoldsdorfer Frauenzeche, angelegt zwischen 1423 November 19 und ca. 1440

3. *Erzbischöfliches Diözesanarchiv Wien (DAW)*

Urkunden

DAW, 1360 Jänner 21
DAW, 1369 November 30

4. *Archiv der Universität Wien (UA)*

Urkunden

B-57: 1400 März 12, Perchtoldsdorf

Gedruckte Quellen und Literatur

Acta facultatis artium universitatis Vindobonensis 1385–1416. Hrsg. Paul Uiblein = Publikationen des Inst. f. österr. Geschichtsforschung. VI. Reihe: Quellen zur Geschichte der Universität Wien. 2. Abteilung (Wien/Köln/Graz 1968).

Bernhard Bischoff, Paläographie des römischen Altertums und des abendländischen Mittelalters = Grundlagen der Germanistik 24 (Berlin 1979).

Ahasver von Brandt, Werkzeug des Historikers. Eine Einführung in die historischen Hilfswissenschaften Urban-Taschenbücher 33 (Stuttgart 10°1983).

Harry Bresslau, Handbuch der Urkundenlehre für Deutschland und Italien, Bd. 1 (Berlin 3°1958); Bd. 2: 1. Abt. (Berlin 3°1958), 2. Abt. (Berlin 2°1958).

Otto Brunner, Die geschichtliche Stellung der Städte Krems und Stein. In: Krems und Stein. Festschrift zum 950-jährigen Stadtjubiläum (Krems/Donau 1948) 19–102.

Joseph Chmel, Zur Chronik österreichischer Städte und Märkte 1: Markt Bertholdsdorf, gewöhnlich Petersdorf genannt. In: Österreichische Blätter für Literatur und Kunst, Geografie, Geschichte, Statistik und Naturkunde. Hrsg. Adolf Schmidl. 4. Jg. (1847) 594–596, 641–643.

Felix Czeike, Das „Burgrecht" in Wien im 15. Jahrhundert. In: Jahrbuch des Vereins für Geschichte der Stadt Wien 10 (1953) 115–137.

Heinrich Demelius, Erhart Haidem, Richter zu Perchtoldsdorf bei Wien, und die landesfürstlichen Grundbücher 1431–1523. Ein Beitrag zur österreichischen Privatrechtsgeschichte des Spätmittelalters = Sitzungsberichte der österreichischen Akademie der Wissenschaften. Philosophisch-historische Klasse 293, 1. Abhandlung (Wien 1974).

Die Akten der Theologischen Fakultät der Universität Wien (1396–1508). Hrsg. Paul Uiblein 2 Bände (Wien 1978).

Elfriede Drexler, Beiträge zum Bruderschaftswesen unter besonderer Berücksichtigung der Fronleichnamszeche in Wiener Neustadt (Phil.Diss. Wien 1955).

Elfriede Drexler, Beiträge zum Bruderschaftswesen im Wiener Becken. In: UH 26 (1958) 175–189.

Ludwig Dörner, Chronik und naturwissenschaftliche Beschreibung von Perchtoldsdorf. 2 Teile (Perchtoldsdorf 1936).

Kurt Dülfer u. Hans-Enno Korn, Schrifttafeln zur deutschen Paläographie des 16.–20. Jahrhunderts, 2 Bde. = Veröffentlichungen der Archivschule Marburg. Hrsg. Institut für Archivwissenschaft (Marburg 2°1967).

Karl Eder, Das Land ob der Enns vor der Glaubensspaltung. Die kirchlichen, religiösen und politischen Verhältnisse in Österreich ob der Enns 1490–1525 = Studien zur Reformationsgeschichte Oberösterreichs 1 (Linz/Donau 1932).

Karl Giannoni, Geschichte der Stadt Mödling (Mödling 1905).

Hermann Göhler, Das Wiener Kollegiat – nachmals Domkapitel zum Hl. Stephan in seiner persönlichen Zusammensetzung in den ersten zwei Jahrhunderten seines Bestandes 1365–1554. (Phil. Diss. Wien 1932).

Karl Großmann, Die Frühzeit des Humanismus in Wien bis zu Celtis Berufung 1497. In: Jb LKNÖ NF 22 (1929) 150–325.

Handschriftenbeschreibung in Österreich. Referate, Beratungen und Ergebnisse der Arbeitstagungen in Kremsmünster (1973) und Zwettl (1974). Hrsg. Otto Mazal = Österreichische Akademie der Wissenschaften, philosophisch-historische Klasse. Denkschriften 122 (Wien 1975).

Carl Hegel, Städte und Gilden der germanischen Völker im Mittelalter (Leipzig 1891).

Walter Heinemeyer, Studien zur Geschichte der gotischen Urkundenschrift (Köln/Graz 1962).

Hellmuth Helwig, Einführung in die Einbandkunde (Stuttgart 1970).

Hilfswörterbuch für Historiker. Mittelalter und Neuzeit. Hrsg. Eugen Haberkorn u. Joseph Friedrich Wallach (Berlin/München 2° 1964).

Ernst Klebel, Zur Frühgeschichte Wiens. In: Abhandlungen zur Geschichte und Quellenkunde der Stadt Wien 4 (1932) 7–111.

Robert Lacroix, Die Entwicklung der Zünfte in den niederösterreichischen Städten im Mittelalter (Wien 1928).

Adam Latschka, Geschichte des niederösterreichischen Marktes Perchtoldsdorf (Wien 1884).

Paul Lehmann, Skandinavische Reisefrüchte. In: *Nordisk Tidskrift för Bok- och Bibliotheksväsen* 23 (1936) 13–22, 49–84.

Hans Lentze, Die rechtliche Struktur des mittelalterlichen Zunftwesens in Wien und den österreichischen Städten. In: Mitteilungen des Vereins für Geschichte der Stadt Wien 15 (1935) 15–41.

Hans Lentze, Begräbnis und Jahrtag im mittelalterlichen Wien. In: Zeitschrift der Savigny-Stiftung für Rechtsgeschichte. Kanonistische Abteilung 36 (1950) 328–364.

Hans Lentze, Das Sterben des Seelgeräts. In: Österreichisches Archiv für Kirchenrecht, Jg. 7, Heft 1 (1956) 30–53.

Hans Lentze, Das Seelgerät im mittelalterlichen Wien. In: Zeitschrift der Savigny-Stiftung für Rechtsgeschichte. Kanonistische Abteilung 44 (1958) 35–103.

Alphons Lhotsky, Thomas Ebendorfer. Ein österreichischer Geschichtsschreiber, Theologe und Diplomat des 15. Jahrhunderts = Schriften der MGH 15 (Stuttgart 1957).

Alphons Lhotsky, Quellenkunde zur mittelalterlichen Geschichte Österreichs = MIÖG Erg. Band XIX (Graz/Köln 1963) bes. 375–391.

Hanna Link, Die geistlichen Brüderschaften des deutschen Mittelalters, insbesondere die Lübecker Antoniusbrüderschaft. In: Zeitschrift des Vereins für Lübeckische Geschichte und Altertumskunde 20 (1920) 181–269.

Joseph Mayer, Geschichte von Wiener Neustadt I/1–II/2, 4 Bände (Wiener Neustadt 1926–1928).

Otto Mazal, Buchkunst der Gotik = Buchkunst im Wandel der Zeiten 1 (Graz 1975).
Ernst Nowotny, Die ehemaligen Bürgerspitäler Niederösterreichs und ihre Kirchen. In: UH 56 (1985) 267–281.
Werner Ogris, Grundrente. In: Handwörterbuch für Rechtsgeschichte 1 (Berlin 1971) Spalte 1852–1856.
Gertrude Ostrawsky, Geschichte des Marktes Perchtoldsdorf. Bd. 2: 1683–1983 (Perchtoldsdorf 1983).
Richard Perger, Die Wiener Ratsbürger 1396–1526. Ein Handbuch (Wien 1988).
Silvia Petrin, Perchtoldsdorf im Mittelalter = Forschungen zur Landeskunde von Niederösterreich 18 (Wien 1969).
Silvia Petrin, Geschichte von Maria Enzersdorf (Wien 1979).
Silvia Petrin, Geschichte des Marktes Perchtoldsdorf. Bd. 1: Von den Anfängen bis 1683 (Perchtoldsdorf 1983).
Silvia Petrin u. Rudolf Steuer, Archiv der Marktgemeinde Perchtoldsdorf. Inventar (Perchtoldsdorf 1980).
Gebhard Rath, Das Bruderschaftsbuch der Liebfrauenzeche zu St. Stephan in Wien. In: Mitteilungen des österreichischen Staatsarchivs 7 (1954) 336–372.
Die Rechtsquellen der Städte Krems und Stein. Hrsg. Otto Brunner = *Fontes Rerum Austriacarum*, 3. Abt.: *Fontes Iuris* 1 (Graz/Köln 1953).
Oswald Redlich, Die Privaturkunden des Mittelalters (München/Berlin 1911).
Richtlinien für die Edition landesgeschichtlicher Quellen. Hrsg. Walter Heinemeyer (Marburg/Köln 1978).
Leopold Sailer, Die Wiener Ratsbürger des 14. Jahrhunderts = Studien aus dem Archiv der Stadt Wien 3/4 (Wien 1931).
Anton Schachinger, Türkennot 1683 und ihre Überwindung im Markte Perchtoldsdorf = Forschungen zur Landeskunde von Niederösterreich 12 (Wien 1962).
Karl Schalk, Österreichs Finanzverwaltung unter Berthold von Mangen 1412–1436. In: Bll. VLKNÖ 15 (1881) 277–299.
Johannes Seidl, Thomas Ebendorfer, Enea Silvia Piccolomini und Johannes Hinderbach. Geistliche im Umkreis Friedrichs III. In: Friedrich III. und seine Zeit = Beiträge zur Wiener Diözesangeschichte. Beilage zum Wr. Diözesanblatt 34/2 v. 1. September 1993, 39–43.
Georg Schreiber, Gemeinschaften des Mittelalters. Recht und Verfassung. Kult und Frömmigkeit = Georg Schreiber, Gesammelte Abhandlungen 1 (Regensburg/Münster 1948).
Hannes Stekl, Soziale Sicherung und soziale Kontrolle Zur österreichischen Armengesetzgebung des 18. und 19. Jahrhunderts. In: Bericht über den 14. österreichischen Historikertag in Wien veranstaltet vom Verband österreichischer Geschichtsvereine in der Zeit vom 3.–7. April 1978 = Veröffentlichungen des Verbandes österreichischer Geschichtsvereine 22 (Wien 1979) 136–151.
Johann Stürzer, Der soziale Gedanke im Mittelalter und sein Niederschlag in den christlichen Bruderschaften Wiens (Wien 1961).

Winfried Trusen, Zum Rentenkauf im Spätmittelalter. In: Festschrift für Hermann Heimpel 2 = Veröffentlichungen des Max Planck-Instituts für Geschichte 36/II (Göttingen 1972) 140–158.
Gerhard Uhlhorn, Die christliche Liebestätigkeit der alten Kirche, Bd. 1 (Stuttgart 1882).
Paul Uiblein, Die Quellen des Spätmittelalters. In: Die Quellen der Geschichte Österreichs. Hrsg. Erich Zöllner = Schriften des Instituts für Österreichkunde 40 (Wien 1982) 50–113.
Paul Uiblein, Thomas Ebendorfer (1388–1464). In: Thomas Ebendorfer von Haselbach (1388–1464). Gelehrter, Diplomat, Pfarrer von Perchtoldsdorf. Ausstellungskatalog anläßlich der 600. Wiederkehr des Geburtstages von Thomas Ebendorfer Hrsg. Johannes Seidl (Perchtoldsdorf 1988) 14–39.
Paul Uiblein, Aus den letzten Jahren Thomas Ebendorfers. In: MIÖG 100 (1992) 283–304.
Friedrich Walter, Die Steuer des vierten Teiles geistlicher Güter in Niederösterreich (1529). In: Abhandlungen zur Geschichte und Quellenkunde der Stadt Wien 4 (1932) 165–205.
Wasserzeichen Hirsch. Bearb. Gerhard Piccard = Die Wasserzeichenkartei im Hauptstaatsarchiv Stuttgart. Findbuch XV: Wasserzeichen Vierfüßler, Teil 1: Hirsch (Stuttgart 1987)
Heinrich Weigl, Historisches Ortsnamenbuch von Niederösterreich, 8 Bde.; Hrsg. Verein für Landeskunde von Niederösterreich (Wien 1964–1982).
Niederösterreichische Weistümer 1: Das Viertel unter dem Wienerwald. Hrsg. Gustav Winter (Wien 1886).
Erich Zöllner, Geschichte Österreichs. Von den Anfängen bis zur Gegenwart (Wien 8°1990).
Hermann Zschokke, Geschichte des Metropolitan-Capitels zum Heiligen Stephan in Wien (Wien 1895).

NIEDERÖSTERREICHISCHEN INSTITUT FÜR LANDESKUNDE
herausgegeben von Silvia Petrin und Willibald Rosner

Bisher erschienen:

BAND 1
OBITORIUM CANONIAE GERUSENAE
Ein bisher nicht beachtetes Totenbuch des Stiftes Geras
bearb. von Ambros Josef Pfiffig
Wien 1980

BAND 2
DAS URBAR DES KOLLEGIATSTIFTES ARDAGGER
aus der zweiten Hälfte des 15. Jahrhunderts
bearb. von Franz Steinkellner
Wien 1981

BAND 3
DIE AUSWIRKUNGEN DER THERESIANISCH-JOSEPHINISCHEN REFORMEN AUF DIE LANDWIRTSCHAFT UND DIE LÄNDLICHE SOZIALSTRUKTUR NIEDERÖSTERREICHS
Vorträge und Diskussionen des ersten Symposions
des Niederösterreichischen Instituts für Landeskunde
Geras, 9.-11. Oktober 1980
hrsg. von Helmuth Feigl
Wien 1982

BAND 4
DIE ANFÄNGE DER INDUSTRIALISIERUNG NIEDERÖSTERREICHS
Vorträge und Diskussionen des zweiten Symposions
des Niederösterreichischen Instituts für Landeskunde
Reichenau an der Rax, 1.-3. Oktober 1981
hrsg. von Helmuth Feigl und Andreas Kusternig
Wien 1982

BAND 5
DIE USIA-BETRIEBE IN NIEDERÖSTERREICH
Geschichte, Organisation und Dokumentation
bearb. von Ernst Bezemek und Otto Klambauer
Wien 1983

BAND 6
MITTELALTERLICHE WÜSTUNGEN IN NIEDERÖSTERREICH
Vorträge und Diskussionen des dritten Symposions
des Niederösterreichischen Instituts für Landeskunde
Bildungshaus Großrußbach, 5.-7. Juli 1982
hrsg. von Helmuth Feigl und Andreas Kusternig
Wien 1983

BAND 7
BEITRÄGE ÜBER DIE KRISE DER INDUSTRIE NIEDERÖSTERREICHS
ZWISCHEN DEN BEIDEN WELTKRIEGEN
Vorträge und Diskussionen des vierten Symposions
des Niederösterreichischen Instituts für Landeskunde
St. Pölten 24.-26. Mai 1983
hrsg. von Andreas Kusternig
Wien 1985

BAND 8
SIEDLUNGSNAMEN UND SIEDLUNGSFORMEN ALS QUELLEN ZUR
BESIEDLUNGSGESCHICHTE NIEDERÖSTERREICHS
Vorträge und Diskussionen des fünften Symposions
des Niederösterreichischen Instituts für Landeskunde
Schoß Rosenau bei Zwettl, 2.-4. Juli 1984
hrsg. von Helmuth Feigl
Wien 1986

BAND 9
Christina Frank
DIE MOLLUSKENFAUNA DES KAMPTALES
Eine Gebietsmonographie
Wien 1986

BAND 10
BERGBAU IN NIEDERÖSTERREICH
Vorträge und Diskussionen des sechsten Symposions
des Niederösterreichischen Instituts für Landeskunde
Pitten, 1.-3. Juli 1985
hrsg. von Andreas Kusternig
Wien 1987

BAND 11
DIE BAYERISCHEN HOCHSTIFTE UND KLÖSTER IN DER GESCHICHTE NIEDERÖSTERREICHS
Vorträge und Diskussionen des siebenten Symposions
des Niederösterreichischen Instituts für Landeskunde
Waidhofen an der Ybbs, 7.-9. Juli 1986
hrsg. von Helmuth Feigl
Wien 1989

BAND 12
VERSUCHE UND ANSÄTZE ZUR INDUSTRIALISIERUNG DES WALDVIERTELS
Vorträge und Diskussionen des achten Symposions
des Niederösterreichischen Instituts für Landeskunde
Weitra, 6.-8. Juli 1987
hrsg. von Helmuth Feigl und Willibald Rosner
Wien 1990

BAND 13
PROBLEME DES NIEDERÖSTERREICHISCHEN WEINBAUS IN VERGANGENHEIT UND GEGENWART
Vorträge des neunten Symposions
des Niederösterreichischen Instituts für Landeskunde
Retz, 4.-6. Juli 1988
hrsg. von Helmuth Feigl und Willibald Rosner
Wien 1990

BAND 14
Monika Prüller
DAS KARMELITINNENKLOSTER „UNSERE LIEBE FRAU VOM BERGE KARMEL" IN ST. PÖLTEN (1706-1782)
mit einem Beitrag von Karl Gutkas
Wien 1992

BAND 15
ADEL IM WANDEL
Vorträge und Diskussionen des elften Symposions
des Niederösterreichischen Instituts für Landeskunde
Horn, 1.-4. Juli 1990
hrsg. von Helmuth Feigl und Willibald Rosner
Wien 1991

BAND 16
Meta Niederkorn-Bruck
DER HEILIGE KOLOMAN
DER ERSTE PATRON NIEDERÖSTERREICHS
Wien 1992

BAND 17
DER TRUPPENÜBUNGSPLATZ ALLENTSTEIG
Region, Entstehung, Nutzung und Auswirkungen
Die Vorträge des zwölften Symposions
des Niederösterreichischen Instituts für Landeskunde
Allentsteig, 1.-4. Juli 1991
hrsg. von Willibald Rosner
Wien 1992

BAND 18
Johannes Seidl
DAS KOPIALBUCH DER ZECHE UNSERER LIEBEN FRAU
ZU PERCHTOLDSDORF
Studien zur Geistes-, Sozial und Wirtschaftsgeschichte
einer niederösterreichischen Kleinstadt
am Ausgang des Mittelalters
Wien 1993

SONDERBAND 1992
METHODEN UND PROBLEME DER ALLTAGSFORSCHUNG
IM ZEITALTER DES BAROCK
Veröffentlichungen der Kommission für Wirtschafts-,
Sozial- und Stadtgeschichte
der Österreichischen Akademie der Wissenschaften 5

Zugleich:

Studien und Forschungen aus dem NÖ Institut für Landeskunde
Sonderband 1992
Hrsg. Othmar Pickl und Helmuth Feigl
Red. Friederike Goldmann und Willibald Rosner
Wien 1992

Weitere Publikationen im Selbstverlag des Instituts für Landeskunde:

Historisch-topographisches Lexikon von Niederösterreich
hrsg. vom Institut für Landeskunde
1. Band
Katastralgemeinden mit dem Anfangsbuchstaben P
1. Lieferung
PAASDORF - PFRAMA
redigiert von Helmuth Feigl
Wien 1988
Alle Publikationen sind über das NÖ Institut für Landeskunde zu beziehen:
1090 Wien, Älserbachstraße 41, Tel. 53110/6255
(Preise nach Anfrage)

Zum Sonderband 1992:

Vorträge und Diskussionen des zehnten Symposions des des Niederösterreichischen Instituts für Landeskunde, St. Pölten, 10.-13. Juli 1989, gemeinsam veranstaltet mit der Kommission für Wirtschafts-, Sozial- und Stadtgeschichte der Österreichischen Akademie der Wissenschaften. Zu beziehen ausschließlich über den Verlag der Österreichischen Akademie der Wissenschaften.

Die bisher erschienen Bände der NÖ Schriften:

Nr. 1 NÖ Legistische Richtlinien 1987
ISBN 3-85006-000-4 (März 1987)

Nr. 2 NÖ Agenden Aktivitäten 1986/87
Jahrbuch der NÖ Landesverwaltung
ISBN 3-85006-001-2 (April 1987)

Nr. 3 Umweltschutz in Niederösterreich
„Lärmschutz“ (Mai 1987)

Nr. 4 Energiesparen: Förderung für private Haushalte in Niederösterreich 1987
ISBN 3-85006-002-0 (Juni 1987)

Nr. 5 O. E. Pfeiffer, E. Strouhal, R. Wodak:
Recht auf Sprache - Verstehen und Verständlichkeit von Gesetzen
(ORAC-Verlag, Juli 1987)

Nr. 6 Baugestaltung landwirtschaftlicher Bauten in Niederösterreich
(September 1987)

Nr. 7 NÖ Führungsrichtlinien
(November 1987)

Nr. 8 Schule - Berufsbildung - Wirtschaft
Enquete der NÖ Landesregierung
ISBN 3-85006-003-9 (Dezember 1987)

Nr. 9 Hallo Niederösterreich – Ein NÖ Behördenführer
für junge Leute
ISBN 3-85006-004-7 (Jänner 1988)

Nr. 10 A. Kusternig, H. Feigl:
Bergbau in Niederösterreich
ISBN 3-85006-005-5 (Februar 1988)

Nr. 11 F. Oswald, H. Waldhauser:
Stichwort Niederösterreich
Ein blau-gelber Almanach in Wort und Bild
ISBN 3-85006-006-3 (März 1988)

Nr. 12 NÖ Agenden Aktivitäten 1987/88

Jahrbuch der NÖ Landesregierung
ISBN 3-85006-007-1 (April 1988)

Nr. 13 Fernwärme in Niederösterreich „Seitenstetten“ (April 1988)

Nr. 14 Umweltschutz in Niederösterreich
Strahlenschutz (April 1988)

Nr. 15 Umweltschutz in Niederösterreich
„Projekt Glanzstoff, St. Pölten“
(April 1988)

Nr. 16 Niederösterreich ’38, Niederösterreich ’88.
Texte eines Gedenkens, Bilder einer Ausstellung
ISBN 3-85006-008-X (Juni 1988)

Nr. 17 175 Jahre NÖ Landesbibliothek
ISBN 3-85006-009-8 (Juni 1988)

Nr. 18 Elektrifizierung in Niederösterreich
(Juni 1988)

Nr. 19 Der Bauer hat Zukunft. NÖ Agrar-Enquete 1988
ISBN 3-85006-010-1 (Juni 1988)

Nr. 20 Mensch - Weg - Landschaft
60 Jahre Güterwegebau in NÖ
ISBN 3-85006-011-X (August 1988)

Nr. 21 Wein - Kultur - Landwirtschaft
10 Jahre Sonderregionalprogramm Raum Wachau/Krems
ISBN 3-85006-014-4 (September 1988)

Nr. 22 W. Liehr: Kommentar zum NÖ Auskunftsgesetz
ISBN 3-85006-012-8 (September 1988)

Nr. 23 Die Verantwortung des Forschers.
Symposium vom 29. Mai 1987
ISBN 3-85006-013-6 (November 1988)

Nr. 24 P. Hacker, R. Spendlingwimmer: Karstwasservorkommen
Oberes Erlauftal
ISBN 3-85006-016-0 (Jänner 1989)

Nr. 25 A. J. Egger, S. Polegeg: Mineralische Rohstoffe in Niederösterreich
Forschungsergebnisse 1978-1985
ISBN 3-85006-016-0 (Februar 1989)

Nr. 26 G. Schörner, R. Schönstein: Jährliches Rohstoffpotential der forstlichen
Biomasse Niederösterreichs
ISBN 3-85006-017-9 (Februar 1989)

Nr. 27 Integration in Niederösterreich
Gemeinsame Erziehung von behinderten und nichtbehinderten Kindern im Kindergarten
ISBN 3-85006-018-7 (Februar 1989)

Nr. 28 NÖ Behindertenhilfe 2000. Bestandaufnahme, Aufgaben, Ziele
ISBN 3-85006-019-5 (März) 1989)

Nr. 29 Bayrische Hochstifte und Klöster in Niederösterreich.
Vorträge und Diskussionen des siebenten Symposions des Niederösterreichischen Instituts für Landeskunde Waidhofen/Ybbs, 7.-9.Juli 1986
Studien und Forschungen aus dem NÖ Institut für Landeskunde, Band 11
ISBN 3-85006-020-9 (September 1989)

Nr. 30 NÖ Forschungsbericht 1979
ISBN 3-85006-021-7 (März 1989)

Nr. 31 NÖ Agenden Aktivitäten 1988/89
Jahrbuch der NÖ Landesverwaltung
ISBN 3-85006-022-5 (April 1989)

Nr. 32 Hallo Niederösterreich - Ein Behördenführer für NÖ Familien
ISBN 3-85006-023-3 (Oktober 1989)

Nr. 33 Statistisches Handbuch des Landes Niederösterreich
ISBN 3-85006-025-X (November 1989)

Nr. 34 Versuche und Ansätze zur Industrialisierung des Waldviertels
Vorträge und Diskussionen des achten Symposions des Niederösterreichischen Instituts für Landeskunde, Weitra, 6.-8. Juli 1987
Studien und Forschungen aus dem NÖ Institut für Landeskunde,
Band 12
ISBN 3-85006-024-1 (Juni 1990)

Nr. 35 Die Vereinbarkeit öffentlicher Ämter.
Enquete des Landtages von Niederösterreich am 7. Juni 1989
ISBN 3-85006-026-8 (Februar 1990)

Nr. 36 Energiesparen. Förderungen für private Haushalte in Niederösterreich 1990.
ISBN 3-85006-027-6 (Februar 1990)

Nr. 37 NÖ Agenden/Aktivitäten, Jahrbuch der NÖ Landesverwaltung 1989/90
ISBN 3-85006-028-4 (April 1990)

Nr. 38 Probleme des niederösterreichischen Weinbaus in Vergangenheit und Gegenwart.
Vorträge des neunten Symposions des NÖ Instituts für Landeskunde, Retz, 4.-6. Juli 1988 Studien und Forschungen aus dem NÖ Institut für Landeskunde,
Band 13
ISBN 3-85006-029-2 (Oktober 1990)

Nr. 39 Gemeinderatswahlen Niederösterreich
25. März 1990
Eine gemeindeweise Darstellung
ISBN 3-85006-030-6 (April 1990)

Nr. 40 Niederösterreich zwischen Heute und der Weltfachausstellung 1995
ISBN 3-85006-031-4 (April 1990)

Nr. 41 Europäische Gemeinschaft – Chancen und Risiken für Niederösterreich
Enquete, Wirtschaftsförderungsinstitut der Handelskammer NÖ,
St. Pölten, 10. April 1989
ISBN 3-85006-032-2 (Juni 1990)

Nr. 42 „Meine Zukunft"
Mal- und Aufsatzwettbewerb veranstaltet vom Land Niederösterreich
ISBN 3-85006-033-0 (Oktober 1990)

Nr. 43 Mit Kindern auf dem Weg
Gedanken, Referate, Zusammenfassung
NÖ Kindergartensymposium 1987-1989
ISBN 3-85006-034-9 (Oktober 1990)

Nr. 44 Statistisches Handbuch des Landes Niederösterreich
ISBN 3-85006-035-7 (September 1990)

Nr. 45 NÖ Agenden/Aktivitäten 1990/1991
Jahrbuch der NÖ Landesverwaltung
ISBN 3-85006-036-5 (April 1991)

Nr. 46 NÖ Forschungsbericht 1989-91
ISBN 3-85006-03-85006-037-3 (Mai 1991)

Nr. 47 M. Prüller, Das Karmelitinnenkloster „Unsere Liebe Frau vom Berge Karmel" zu St. Pölten (1706-1782).
Studien und Forschungen aus dem NÖ Institut für Landeskunde,
Band 14
ISBN 3-85006-038-1 (Februar 1992)

Nr. 48 Adel im Wandel
Vorträge und Diskussionen des elften Symposions
des Niederösterreichischen Instituts für Landeskunde,
Horn, 1.-4. Juli 1990
Studien und Forschungen aus dem NÖ Institut für Landeskunde
Band 15
ISBN 3-85006-039-X (Oktober 1991)
Nr 49 Statistisches Handbuch des Landes Niederösterreich
ISBN 3-85006-040-3 (September 1991)

Nr. 50 Jugendheime in Niederösterreich vom Heute zum Morgen. Ein sozialpädagogisches Konzept im Rahmen der Jugendwohlfahrt
ISBN 3-85006-041-1 (Februar 1992)

Nr. 51 NÖ Agenden/Aktivitäten 1991/1992
Jahrbuch der NÖ Landesverwaltung
ISBN 3-860006-042-X (Juli 1992)

Nr.-52 Miteinander leben im Pensionistenheim
ISBN 3-85006-043-8 (September 1992)

Nr. 53 M. Niederkorn-Bruck, Der Hl. Koloman - der erste Patron Niederösterreichs.
Studien und Forschungen aus dem NÖ Institut für Landeskunde,
Band 16
ISBN 3-85006-044-6 (September 1992)

Nr. 54 Behindert -
Wer hilft in Niederösterreich?
ISBN 3-85006-045-4 (September 1992)

Nr. 55 Der Truppenübungsplatz Allentsteig. Region, Entstehung, Nutzung und Auswirkungen, Die Vorträge des zwölften Symposiums des Niederösterreichischen Instituts für Landeskunde Allentsteig, 1.-4. Juli 1991
Studien und Forschungen aus dem NÖ Institut für Landeskunde,
Band 17
ISBN 3-85006-046-2

Nr. 56 Statistisches Handbuch des Landes Niederösterreich
ISBN 3-85006-047-0

Nr. 57 H. Braun:
Emmissionen bei der Verbrennung
ISBN 3-85006-048-9

Nr. 58 P. Hacker:
Isotopenhydrologische Untersuchungen im Südlichen Wiener Bekken
ISBN 3-85006-49-7

Nr. 59 J. Ringhofer:
Deponiegasnutzung in Niederösterreich
ISBN 3-85006-050-0

Nr. 60 U. Eisinger, R. Gutdeutsch
Ch. Hammerl
Beiträge zur Erdbebengeschichte von Niederösterreich
ISBN 3-85006-051-9

Nr. 61 Adoption von arm und reich
Weg - Ausweg - Irrweg
Adoption von Kindern aus „Entwicklungsländern"
ISBN 3-85006-052-7 (Mai 1993)

Nr. 62 NÖ Agenden/Aktivitäten 1992/1993
Jahrbuch der NÖ Landesverwaltung
ISBN 3-85006-054-3 (Juli 1993)